U0461404

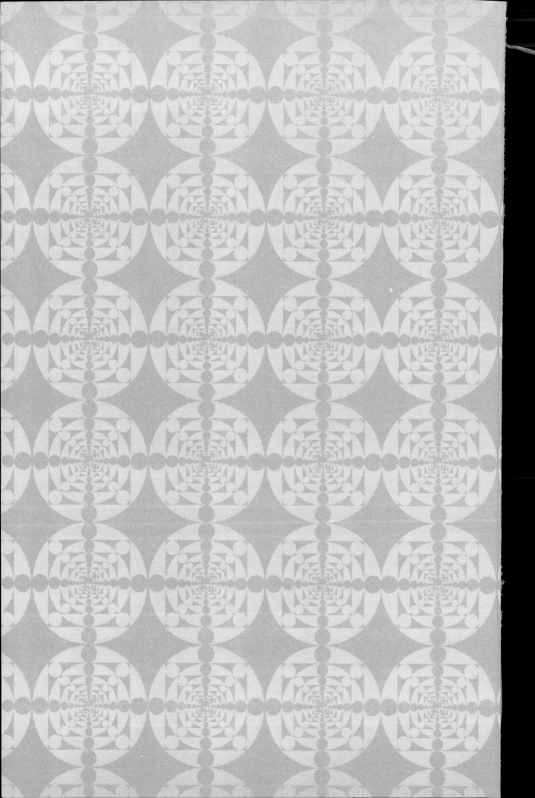

青少年科普丛书

PHILOSOPHY
哲　学

〔英〕戴夫·罗宾逊（Dave Robison） 著

〔英〕朱迪·格罗夫斯（Judy Groves） 绘

张毓晨　译

重庆大学出版社

PHILOSOPHY

目　录

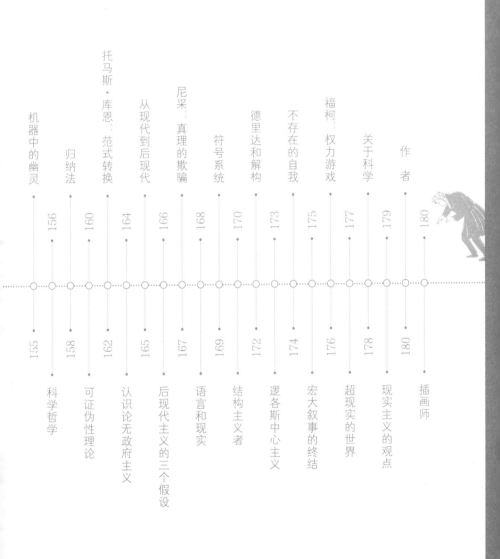

一些问题

　　什么是"哲学"？大多数人通常因为太忙了而无法享受所谓"哲学"思维。一个原因是他们不得不把他们的时间用于解决生存问题，另一个原因则是他们很享受现在这种不被打扰的常规生活。然而，仍然有一些时间充裕、喜欢追根问底的人，抛出一些看似简单、实则很难回答的问题。

现实是由什么构成的？人类的本质是什么？

人类的思想和意识有什么独特之处？

百分之百确定的事物存在吗？

正确和错误的观点有显著的差异吗？

真理是什么？意义是什么？

我们应该如何为人处事？应该如何组织社会结构？建立政府对社会是有益的吗？

哲学是什么?

　　虽然哲学问题与日常衣食住行关系并不大,但是哲学家仍在努力寻找一个确切的答案。有的哲学问题已经得到了回答,但是大多数问题仍然让人困惑——哪怕对哲学家而言。

一些哲学家认为哲理必须从争吵和辩论中形成，也有人认为哲学观点只能通过演绎推理得来。

有的哲学家认为哲学有助于人类在追求知识的道路上取得有意义的进展。

另外一些哲学家说，哲学是"对于思考的思考"，哲学只不过有助于澄清观点和消除误解。

但所有哲学家都相信他们必须为自己的观点提供一些解释、证明或证据。这也是哲学和宗教的一个显著区别。

神权政治国家

古埃及人非常擅长数学以及建造几何形状的金字塔，但是他们并不以哲学闻名。他们对事物的宗教性解释既精致又丰富，但以哲学的标准看并不可信。类似地，古巴比伦人也是出色的数学家和天文学家。

但是，他们也仅仅满足于用神话来解释自然现象。

由神职人员统治的神权社会通常是死气沉沉和被思想垄断的。他们坚持奉行正统教义并且极力打击独树一帜和有背传统的观念，他们认为，无论过去还是现在，信仰必须永世不变。

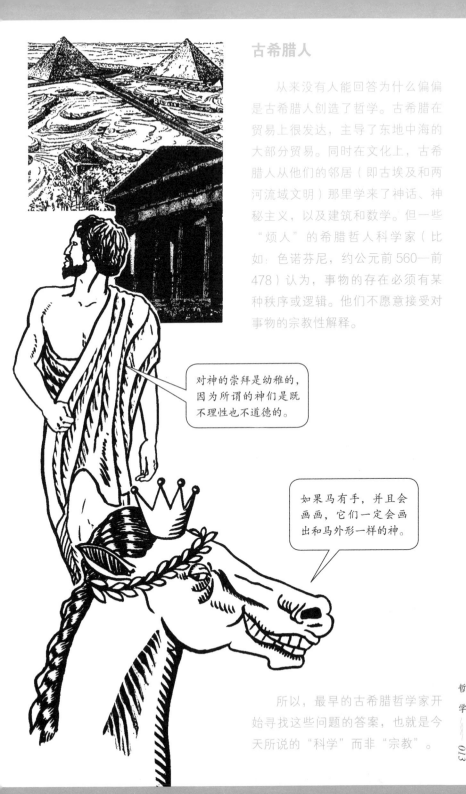

古希腊人

　　从来没有人能回答为什么偏偏是古希腊人创造了哲学。古希腊在贸易上很发达，主导了东地中海的大部分贸易。同时在文化上，古希腊人从他们的邻居（即古埃及和两河流域文明）那里学来了神话、神秘主义，以及建筑和数学。但一些"烦人"的希腊哲人科学家（比如：色诺芬尼，约公元前560—前478）认为，事物的存在必须有某种秩序或逻辑。他们不愿意接受对事物的宗教性解释。

对神的崇拜是幼稚的，因为所谓的神们是既不理性也不道德的。

如果马有手，并且会画画，它们一定会画出和马外形一样的神。

　　所以，最早的古希腊哲学家开始寻找这些问题的答案，也就是今天所说的"科学"而非"宗教"。

米利都学派提出的大问题

　　最早的哲学家是公元前6世纪一小部分居住在古希腊殖民地米利都（今天的土耳其沿岸）的古希腊人（如泰勒斯、阿那克西曼德、阿那克西美尼，即最早的米利都学派）。这些思想家思考的问题是——现实是由什么构成的？这是个听起来很奇怪的问题。很多人会说，正像我们看起来的那样，这个世界是由很多不同的东西构成的。但是这些米利都的思想家却认为，眼见未必为实。

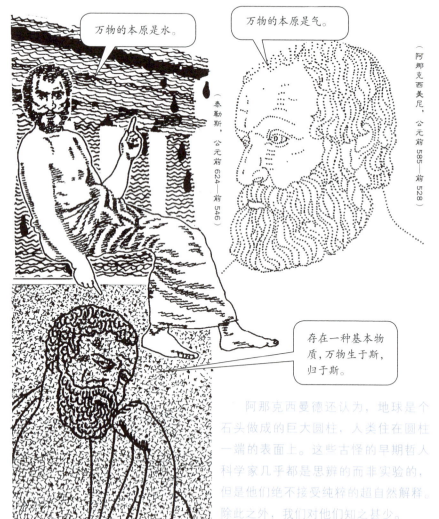

万物的本原是水。

万物的本原是气。

（阿那克西美尼，公元前585—前528）

（泰勒斯，公元前624—前546）

存在一种基本物质，万物生于斯，归于斯。

　　阿那克西曼德还认为，地球是个石头做成的巨大圆柱，人类住在圆柱一端的表面上。这些古怪的早期哲人科学家几乎都是思辨的而非实验的，但是他们绝不接受纯粹的超自然解释。除此之外，我们对他们知之甚少。

（阿那克西曼德，公元前610—前546）

毕达哥拉斯和数学

　　毕达哥拉斯（公元前 571—前 496）问了同样的问题，但是给出了完全不同的答案。他的答案是数学。在和弟子们定居于南意大利的克罗托内之前，毕达哥拉斯住在萨摩斯岛。他是素食主义者，相信灵魂的轮回，并且认为吃豆子是罪恶的。他和弟子们崇拜"数"，并且认为这个世界是由数组成的，这个事实在比例、平方和直角三角形中体现得最明显。毕达哥拉斯最大的突破在于认识到数学真理是需要证明的而不仅仅是接受它们。在今天的我们看来，他的数学神秘主义是很古怪的。他提出，"4"是最神圣的数字，因为它是个平方数。但最终他被无理数如 π 和 $\sqrt{2}$ 的发现震惊了。

圆的周长与直径的比值大约是 3.141……

大约？这说明数学也不能简洁和完美地描述这个世界。

　　塔兰托的希帕索斯，毕达哥拉斯的一个忠实信徒，甚至由于发现了无理数的存在而被他溺死，因为无理数让他的教派显得可笑。所以，并不是所有的哲学家都能心胸宽阔地接受学生的质疑。

赫拉克利特和万物流变说

约在公元前 500 年，赫拉克利特则对非理性的世界温和得多。他的绰号叫"船舵"（他也被称为"哭泣的哲人"和"晦涩者"。——译者注），因为他认为万物都处于流变和对立统一的状态，他用这句名言来证明自己的见解：

你不能两次踏进同一条河流，因为新的水不断地流过你的身旁。

克拉底鲁，生活在公元前约 400 年，赫拉克利特的学生，则把"万物流变"的理论发展至极限。

你甚至一次都不能踏进同一条河流。

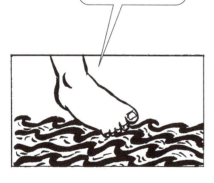

但赫拉克利特常常被误解，他认为宇宙实际上存在一种基本的统一性和一致性。我们通过感官获取，并且愚蠢地相信的知识，不可避免地是"相对于不同观察者"的。

所站的位置。

你可以上山，也可以下山，这取决于你当时

上山的路和下山的路是同一条路。

如果一条河是静止不变的，那它就不是一条河，然而，我们却知道它确实是一条河。所以，赫拉克利特也许认为知识是经由思考而非眼睛看见得来的。他对永恒变化的强调也许是出于他对"现实是由什么构成的"这个问题的答案——"万物的本原是火"，因为火永远在变化，却仍然是火。

巴门尼德

　　爱利亚的巴门尼德（公元前515—前450）在南意大利写了一首关于逻辑和知识的力量的长诗。他认为经验得来的知识是主观且不可靠的，这与赫拉克利特的观念一致，所以人类只能依靠理性来探索关于世界的真理。

　　因为思考和存在是同一的。

　　通过严格的逻辑推理，巴门尼德得到了一个关于时间的有趣结论：只有当下是真实存在的，谈论过去和将来都只是空谈，这两者都不是真实存在的。巴门尼德的思想至今仍被哲学家推崇，因为一个论点只要是严格依照演绎法推出的，他都会支持，不论它看起来有多古怪。

芝诺关于运动的悖论

巴门尼德的学生芝诺以他提出的悖论而闻名，这些悖论探索了时间和空间之间让人费解的关系。其中最著名的一个是关于阿喀琉斯和乌龟赛跑的故事，阿喀琉斯颇具风度地让乌龟先跑一段距离，然而根据芝诺的推论，阿喀琉斯将永远追不上乌龟。

如果阿喀琉斯要从起点 A 到达终点 B，他必须先到达乌龟的起点 C。

但是，此时乌龟已经前进到了点 D，当阿喀琉斯追到点 D，乌龟又将前进到点 E，依此类推……

乌龟将永远稍稍领先于阿喀琉斯，阿喀琉斯则永远追不上乌龟，这是个至今仍让哲学家、数学家和物理学家不安的结论。关于这个谜题，芝诺的观点是，绝对的运动和变化是不存在的，这也与他的老师巴门尼德的学说一致。

恩培多克勒和四元素说

　　恩培多克勒（公元前 490—前 430）生活于古希腊的殖民地西西里。他是一名医生，对于"现实是由什么构成的"这个大问题，他给出了自己的答案。

世界是由土、气、火、水组成的，由爱和争斗两种力量统治。

这两种新的力的引入，为物质的形成和毁灭提供了新的解释。他的物理学可能使他相信存在毁灭和形成再生之间的永恒循环。他宣称，在他成为"恩培多克勒"之前，他曾经是"一个男孩、一个女孩、一丛灌木、一只鸟和一条海里的鱼"。可能是为了证明自己的哲学，他最终跳进了埃特纳火山，结束了自己的性命。

直到中世纪，这四种元素都被认为是最基本的物质。

原子论者

阿那克萨哥拉（公元前500—前428）论证了"人是由吃下的食物构成的"。他认为万物都是不同东西混合的产物，所以小麦里存在不同比例的血、肉、骨头和指甲，反之人体也由不同比例的食物组成。

从根本上说，每个事物的一小片都存在于所有其他的事物中，因此万事万物都是由无限多的小东西组成的。

存在一种极小的东西，它是不可以再"切"分的，否则它就会不存在，这些"不可切分的小东西"，或者说"原子"，通过移动、碰撞，形成新的物质。所有诸如质量、形状和大小的这些客观特征都可以用这个理论来解释。

其他特征，比如气味，是由组成物体的原子和组成鼻子的原子相互作用而产生的。

原子论者德谟克利特（公元前460—前370）是与苏格拉底同时期的人物，他的闻名源于他对物质的预测性观点，这些观点惊人地预言了20世纪原子物理学家的理论。

关于苏格拉底

　　前面所有关于思考和世界本质的理论都被称作"前苏格拉底哲学"。这些推断的美妙之处在于，前人仅仅通过努力思考而非使用任何粒子加速器这样的科学仪器，就得到了许多和 20 世纪的物理学非常接近的推论。

　　苏格拉底（公元前 470—前 399）生活于公元前 5 世纪的雅典——一个强大的建立起了对地中海统治的帝国的小城邦（译者注：即所谓雅典帝国）。很多雅典人都是奴隶主，他们也因此得以有闲暇时间来进行戏剧、历史、天文和哲学方面的创作。正像他们自己所认为的那样，他们也许是当时世界上最文明的民族。

文化相对主义

　　希罗多德（公元前 484—前 424）是个曾在希腊之外广泛游历的历史学家，他从其他社会的信仰和行为中得到了一些令人惊讶的发现。诡辩派哲学家普罗塔哥拉（公元前 490—前 420）看到了其中的破绽，并提出一些质疑。

　　当你的信念仅仅来自"文化"时，你就很容易相信它们是"天生"的。所以诡辩派哲学家就把哲学研究的对象从"现实是由什么构成的"这个大问题转移到对人类和社会的研究上去了。

诡辩派哲学家普罗塔哥拉

　　普罗塔哥拉说"人是万物的尺度"，这意味着不存在绝对的客观真理，只存在受到限制的人类的信念。这使他听起来很相对主义，甚至后现代。他还声称哲学仅仅是修辞和说服人的语言艺术（辩论时的一种有用技能），学习这种技能会让他的学生成为"好人"。

　　苏格拉底身材矮小，形象邋遢，鼻子朝天，甚至可以说有点丑。他的父亲是石匠，母亲是接生婆。他的妻子赞西佩是个卖菜的，她经常觉得苏格拉底说话含糊其词。但对于当时的雅典青年们来说，他显然是一位魅力十足的大师。因为教青年人对万事万物提出质疑，苏格拉底惹恼了青年人的父亲。

苏格拉底对话录

　　苏格拉底自称了解万事万物，所以德尔斐神庙祭司称他为"希腊最有智慧的人"。他常常鼓励学生对观点进行辩论，向学生展示对哲学问题作出让人满意的答案是多么难。这种烦人的"苏格拉底式对话"让人们对很多事情的看法不确定，这也许可以解释为什么苏格拉底的绰号是"牛虻（讨人厌者）"。

认识你自己。

　　没有人知道他是否真的相信哲学对话可以揭示诸如"正义"之类概念的真理，从而可以将这些概念应用到实际的道德和政治问题中。他的核心观点是，真正的道德智慧是以自我为基础的，即"知识就是美德"。

苏格拉底之死

　　不幸的是,苏格拉底有一些不可靠的朋友,例如克里提亚,他有步骤地处决了那些不同意"三十僭主"统治的雅典人。当他们被推翻后,民主派陪审团展开了报复,"牛虻"苏格拉底被控犯有"亵渎神明"和"蛊惑青年"的罪,因此,他被判处了死刑。在向他的朋友和弟子阐发了自己的信念之后,苏格拉底勇敢地喝下一杯毒芹汁,从容赴死。

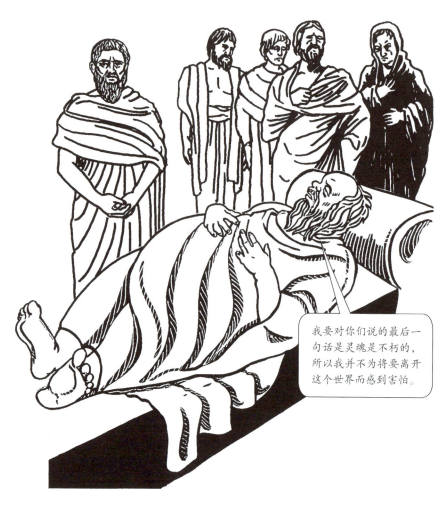

我要对你们说的最后一句话是灵魂是不朽的,所以我并不为将要离开这个世界而感到害怕。

　　苏格拉底仍然是个形象模糊的人,他结交政治盟友的眼光实在不怎么样,还总是为反对城邦道义的独立思想家辩护,但他确实改变了哲学。自他以后,哲学问题的重心从自然哲学转移到了道德和政治哲学。

柏拉图和哲学王

　　柏拉图（公元前 427—前 347）是苏格拉底的弟子之一，但与他的老师不同，柏拉图是天生的专制主义者。他出身雅典贵族，痛恨宣判了苏格拉底死刑的民主派。

当我看到所有这些…… 我抽身退出了，并对那个时代的陋习恶俗深感厌恶。

　　柏拉图觉得同时代的雅典人软弱而且堕落，他钦佩那些无情的、军国主义的、在对雅典的战争中取得胜利的斯巴达人。他最后当了西西里岛的狄奥尼修斯一世儿子的老师，这位学生极不情愿地跟着柏拉图学习。后来，柏拉图回到雅典并建立了自己的学园。他最著名的作品是《理想国》，在这本著作里，他描绘了一个和谐、完美的由哲学家统治的社会的蓝图。

柏拉图的天赋说

　　柏拉图用对话的形式来书写自己的哲学（译者注：苏格拉底往往是这些作品中的主要对话者），这使得苏格拉底的对话成为后世的"圣经"。在他的早期作品中，柏拉图提出了著名的天赋说——即我们天生就已经被内置了某种知识。通过向他的好友美诺的一名年轻的奴隶提问，柏拉图向我们展示了这个想法。

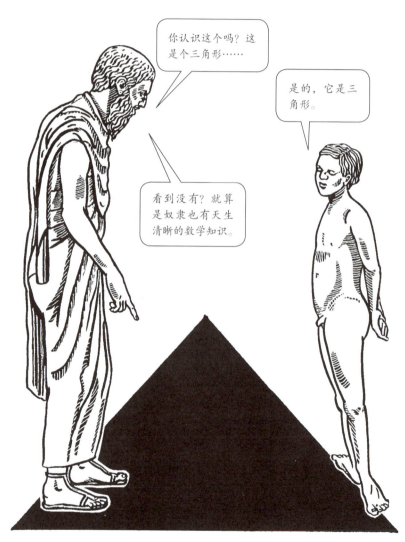

　　柏拉图对此的解释是我们都具有不朽的灵魂，它曾拥有一个前世的存在，所以所有的学习都只不过是"记忆中的往事"，或回忆。

理想的形式

　　关于知识来源于"回忆"的观点使柏拉图成为一个"两个世界"论者。他认为，尽管存在一个我们都能看到的显而易见的普通世界，但还有一个永恒完美的"形式"世界也存在着。形式就像完美的范本，所以我们在这个世界中看到的任何个别物体，例如一把椅子，都是从那个纯净理想世界里的"椅子形式"复制过来的低级副本。只有一小部分被柏拉图称为"护国者"的有天赋并且受过训练的人才可以"看到"这些理想的形式。不是所有人都同意这一观点。

我能看到一张桌子和一个杯子，但我看不到桌子的形式和杯子的形式。

确实如此。你需要一双眼睛来看到一张桌子或一个杯子，这是你具备的；但你需要智慧来看到桌子的形式和杯子的形式，这是你不具备的。

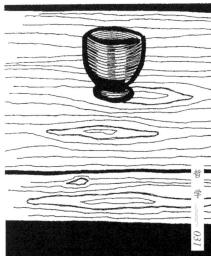

洞穴的比喻

　　柏拉图用一个寓言来解释他的学说：普通人就像被永远困在一个黑暗洞穴里的囚犯一样，他们只能看见皮影戏般的影像，并认为他们看到的就是真实的世界。

> 我们就像这些囚犯一样，从生下来就被强行灌输我们日常的经验就是这个世界。

> 但是一个叛逆的囚犯逃到外面有光的世界，很快发现外面才是一个更好且"更真实"的世界。

　　同理，思想上受过训练的人，比如数学家，最终就会发现有一个超越经验、更好、更真实的形式世界。这些人最终会发现并了解"真正的美德"，成为由那些受教化的，从不对这个体制提出疑问的"银"的、"铜"的、"铁"的臣民构成的社会里绝对可靠的"黄金"统治者，在这个理想国里，如果有人不知道该做什么，他只需要问一下"护国者"就可以了。

在他后来的作品里，柏拉图对形式以及它们如何与日常对象，或"个别物体"联系起来产生了一些疑问。柏拉图的思想体系是"封闭"的。如果你接受了他关于知识的观点，那你很大可能也不得不接受他关于道德和政治的独断的观点。柏拉图认为所有的知识都可以像数学一样永恒和抽象——但实际上并非如此。他似乎也被古希腊的那些离奇观点所迷惑，即认为人真正"了解"的事物必须是直接经验过的。

> 如果你知道什么是"美"，那你必须是面对面地经验过美。

但是关于什么是形式、在哪里能找到它们、它们看起来如何，以及为什么只有一小部分"专家"能"看到"它们，柏拉图并没有给出明确的解释。

哲学专家

柏拉图鼓励后代哲学家，让他们深信，哲人的工作就是发现特殊的，或者神秘的，或者"理想"的知识，这些知识往往隐藏于普通事物的表面之下。他的政治哲学有鼓励建立由"大贵族"和专制精英统治的"乌托邦"的潜在危险。我们知道这种实验一旦付诸实践就会对社会造成很大危害。

除非哲学家成为国王……否则无论对于国家还是对于国民，都无法从邪恶中摆脱出来。

帝师亚里士多德

　　为了在柏拉图学园学习，18 岁的亚里士多德（公元前 384—前 322）从希腊南部的马其顿移居到雅典。他在学园待了 20 年，看来做柏拉图的学生对他而言是相当愉快的。柏拉图去世以后，亚里士多德离开了雅典，在小亚细亚娶妻，后来回到了马其顿。

　　最后，亚里士多德又返回雅典并建立了他自己的学园，叫作"吕克昂"（Lyceum，阿波罗神殿附近的杀狼者）。亚历山大去世以后，雅典人开始反抗马其顿的统治，亚里士多德被迫离开雅典。颠沛流离的亚里士多德于公元前 322 年死于优卑亚岛。虽然他以前表示他的奴隶都是"天生的奴隶"，但在他的遗嘱中，他还是恢复了他们的自由。

演绎推理或三段论

亚里士多德写了大约 400 本著作，其主题无所不包——从软体动物到灵魂不朽。

自然界有着某种不可思议的绝妙之处。

哲学家都很感谢亚里士多德，因为他发明了演绎法，演绎法看起来是这样的……

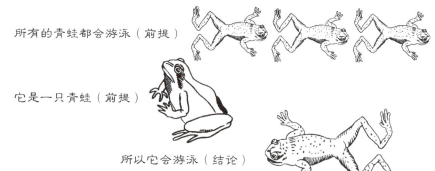

所有的青蛙都会游泳（前提）

它是一只青蛙（前提）

所以它会游泳（结论）

此类逻辑结构，或者说三段论，在其他表述下也成立（比如"没有青蛙不会游泳"和"一些青蛙会游泳"）。如果你的论证遵从一些基本原则，比如结论不可超越前提，那么论证就是有效的。如果前提是正确的，论证也是有效的，那么结论一定是可信的。

你不用把青蛙扔到河里也可以知道青蛙会游泳。

逻辑是一个强有力的工具，但是亚里士多德没有明确说明逻辑究竟可以告诉我们什么——是世界本身、人类的思想，还是语言的运作机制。

归纳法与科学

　　亚里士多德并没有完全被柏拉图奇异的形式理论所说服，虽然他也认为世界是由"形式"构成的，但这些形式只是"自然的范畴"或物种。科学家的工作就是找出这些范畴并探索它们的性质，所以亚里士多德同样承认归纳法的重要性。通过观察一些游泳的青蛙，我们可以推导出所有的青蛙都会游泳。

> 这些青蛙会游泳……

所以，所有的青蛙都会游泳。

　　由个别的青蛙推广到青蛙这个物种，这就是科学研究的开端。我们可以通过归纳法得到物种的共同点，再演绎出关于青蛙个体的推论，这赋予了科学推测的力量。

所有的青蛙都会游泳，
这是一只青蛙，
所以它会游泳。

目的因

　　亚里士多德认为只存在"个体"，而不存在"形式"，万事万物都有"目的因"或潜在的功能。所以火总有向上运动的趋势，而重的物体有向下落的趋势。其他事物（比如植物、动物和人类）则有更复杂的功能。

因为万事万物都有成因，如果回溯到时间的起点，一定可以发现第一因，或者说"第一推动力"……

　　这种间接的、相当空洞的对事物行为的解释被称为"目的论"解释。"原因"看起来是一个神秘的源自内部的"驱动者"或根本目的，而不是一个外部独立的"推动者"。现代哲学家和科学家对什么是万物的目的并不确信。多亏了达尔文的进化论信念，他们甚至怀疑是否有这样的东西存在。

一个和神圣造物主很类似的东西……

灵魂和实体

　　亚里士多德对"现实是由什么构成的"这个根本问题也进行了探索。他并不认为物体只是永恒完美形式的低级副本，他认为是那些具有"本质的"或"偶然的"性质的独一无二的"实体"构成了万事万物。本质的性质定义了一些东西。

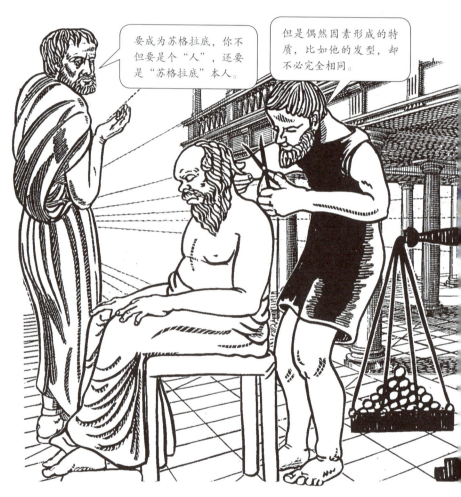

要成为苏格拉底，你不但要是个"人"，还要是"苏格拉底"本人。

但是偶然因素形成的特质，比如他的发型，却不必完全相同。

　　关于"实体"的哲学问题一直困扰着此后2 500多年的哲学家。亚里士多德还说，灵魂是所有生物的本质。植物有植物的灵魂以让它们生长，动物有动物的灵魂以让它们感知，人类则有植物和动物的双重灵魂特质，并且拥有其特有的理性。然而，跟毕达哥拉斯学派和柏拉图学派不同，亚里士多德所说的"灵魂"并不一定是永恒的。

中庸的伦理学

　　柏拉图认为只有那些永远不会犯错的学者才具有道德。亚里士多德则认为道德更像是一种成年人可以从经验中获得的，并且可以日常练习的技巧。父母通过传授给子女一些行为规范来教会他们道德；成年人在与他人的交往中逐渐学会如何做明智、谦和的人。人是社会性动物，他们按照"程序"和谐地在一起生活，虽然他们的道德"软件"需要定期训练从而不那么棱角分明而选择"中庸"地去处事。

谦逊的行为可以使人变得"快乐"，就像有成就者和好公民那样。

　　因此，亚里士多德的伦理学更关心自我实现，而非所谓的美德。

承担责任

亚里士多德认为苏格拉底所宣称的"美德即知识"是错误的。

> 做一个有道德的人，不仅要知道什么是正确的，还要选择做正确的事。

> 个人必须承担责任，因为他们随意的行为难免会影响其他人。

亚里士多德的伦理学看起来枯燥，但他的"美德理论"可能是正确的。或许伦理学就是关于培养其有道德经验的人，而非发明"纯粹的"道德体系或规则。但人类是否具备这些道德"美德"或功能？我们的功能可能就是当个无情的个人主义者。

倾向柏拉图的梦想家和倾向亚里士多德的现实主义者

　　至此，苏格拉底、柏拉图和亚里士多德就给西方哲学打下了坚实的基础。哲学家 A.N. 怀特海（1861—1947）曾经提出一个著名的观点：所有的西方哲学不过是对柏拉图学说的一系列"注脚"而已。的确，柏拉图提出了最好的哲学问题，哲学家至今仍在探索。人们普遍认为，自那时起，哲学家的倾向就分为了两种。

柏拉图倾向者：通过理性分析来追寻隐藏的和终极神秘的真相。

亚里士多德倾向者：他们的推理有条不紊、小心谨慎，并且唯一依据的是他们的感官所传达给他们的信息。

插曲: 一段简史

独立的希腊城邦最终被亚历山大大帝（公元前 356—前 323）吞并，他是亚里士多德的学生，横扫并征服了波斯、埃及，甚至直逼印度的边境。自此，希腊化时期（公元前 323—前 30）开始，希腊文化传播到整个地中海地区。这些被征服的地区在亚历山大死后被亚历山大麾下的将军们分割并统治［他们的后代中就包括著名的埃及艳后克利奥帕特拉（公元前 69—前 30）］，直到罗马帝国接管。

罗马人是优秀的士兵、工程师和建筑师，但并不是有创造力的哲学家。

希腊化的埃及城市亚历山大里亚城就曾庇护了很多希腊思想家，比如欧几里得、盖伦和托勒密。

伊壁鸠鲁——花园哲学家

受亚里士多德的"过上好生活"的理论影响，希腊化时代哲学分裂成了很多不同的派别，至此，哲学家不再研究如何在一个小城邦里做个良好的公民，而是研究如何在一个随时面临崩溃的巨大帝国体系里生存。

伊壁鸠鲁（公元前341—前270）指出，人需要稳定和平和的心灵来保持快乐。作为德谟克利特的追随者，他觉得死亡没有什么可畏惧的，因为死亡只是一个身体和心灵融解并分解为原子的不可避免的过程。

个人的安心与满足只能通过逃避令人生厌的、险恶残酷的政治世界来实现，这就是伊壁鸠鲁有时被称为"花园哲学家"的原因。

斯多葛派

斯多葛派认为只有全然依靠理性，并且避免人类的七情六欲才能过上好生活，因为人类的情绪最终只会让人不开心。

避免凡人的骄傲，注意不要和别人有感情上的纠葛。

对我们来说，宇宙是理性的，而人类社会和政治生活则是疯狂无情的。

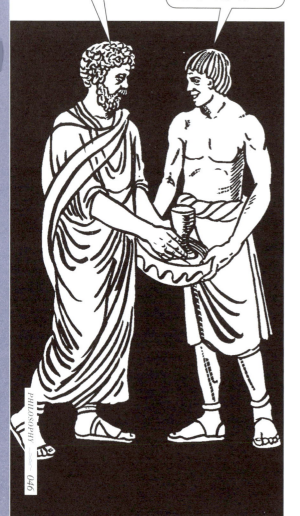

斯多葛哲学是罗马时期影响最深远的哲学流派，并且吸引了像奴隶出身的爱比克泰德（55—135）和皇帝马可·奥勒留（121—180）这样社会身份悬殊的人。

当代哲学家玛莎·努斯鲍姆在西塞罗（公元前106—前43）、塞内卡（公元前4—公元65）和马可·奥勒留的著作里重新发现了丰富的斯多葛派的道德和哲学理论，从中可见，他们都形成了世界公民和平等的观念。

怀疑论者和犬儒主义者

　　虽然怀疑论者也追求过上好生活，但他们的解决途径比较奇怪。怀疑主义的创始人皮浪（约公元前360—前272）提出，最大的善就是不做任何判断。据说，他通过在悬崖边缘和马前行走的极端行为，把这种"不动心"的信念发展到了极致，直到他最终年迈去世。犬儒主义者第欧根尼（公元前412—前322）是一个彻底的无政府主义者，他栖身于一个酒桶里，对每个人，甚至是对亚历山大大帝都很粗鲁。

> 反抗是没有必要的，因为每个人都是自由的。

> 怀疑主义让人幸福，因为不受教条的限制让人更无忧无虑。

　　塞克斯图斯像赫拉克利特一样认为，所有知识都具有相对性，是不可信的，不存在绝对真理。（任何论据本身都需要证明，那么是什么证明了这个论据呢……依此类推。）最终，怀疑论者还是作弊了——他们仍然坚信他们的中心教义，即相对主义。

塞克斯图斯·恩皮里柯
（约公元200年）

更多简史

　　通常认为罗马帝国是在公元5世纪瓦解的，但是罗马这座城市本身一直是基督教教会的中心。帝国的东部，即拜占庭帝国，于公元293年建立，以君士坦丁堡为首都，直至1453年才被土耳其人攻陷。伊斯兰教统治下的阿拉伯文明从7世纪开始兴盛，并经由北非传播到西班牙。

我们保留了希腊的哲学和科学，直至它们被从黑暗时代崛起的西方人"重新发现"。

后罗马时代，在欧洲四处劫掠的游牧部落和城市的衰落对西方哲学造成了很坏的影响。

基督教时代的到来

君士坦丁大帝（约 285—337）是第一个信仰基督教并将其作为国教（约公元 320 年）的罗马帝国皇帝，罗马教廷的权力得以巩固，并在西欧得到了广泛的传播。教廷对所有形式的哲学思想都是垄断的，并且极力打击独立的、非正统的思想。

文人和思想家都是神职人员和基督教学者。

哲学变成了神学，主要研究自然和上帝存在的宗教问题。

一些哲学家，比如普罗提诺（204—270）曾尝试调和早期的基督教教义和柏拉图哲学。

教会的神父们

　　这个时期，哲学家大多是教会的"神父"，因为他们澄清并建立了关于教会的中心教义和复杂的信仰。神父被看作哲学家，因为他们相信上帝创造了人类，并赋予人类理性以解释和解决神学问题。基督教信仰远不是盲目的迷信。

　　其中有一位支持教会绝对权威的神父，圣奥古斯丁（354—430），生于北非，写了著名的关于他自己放纵堕落的青年时期的《忏悔录》。

我从33岁开始信仰基督教，并沉迷于研究我自身和整个世界的邪恶。

关于邪恶的问题

　　圣奥古斯丁认为邪恶是由人类而非上帝引起的，如果上帝当初创造的是设定好了的机械而非人类，那么就不会产生邪恶这回事，但是上帝还是慷慨地创造了人类这种自由并且自治的个体。

　　圣奥古斯丁总结说：上帝一定知道人类会做的道德选择，但是并不加以干涉。他同时也对解释了上帝存在的目的论论证印象深刻。这是一个研究最终因和最终目的的学说。该学说认为世界是美丽、有秩序并设定好的，这一切都是一个超越时间的、神圣的造物主的杰作。

圣安瑟伦的证明

到 11 世纪，哲学神学家被称为"经院哲学家"，同时期的哲学则被称为"经院哲学"。圣安瑟伦（1033—1109）因为他对上帝存在的本体论解释而著名，他的本体论是这样的……

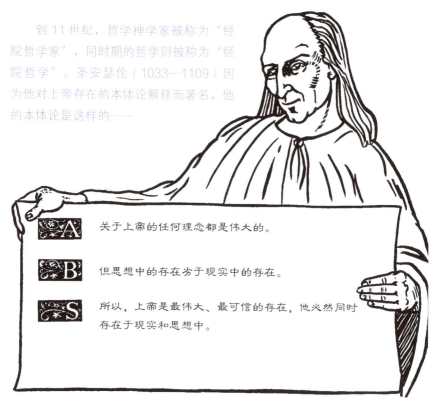

A 关于上帝的任何理念都是伟大的。

B 但思想中的存在劣于现实中的存在。

S 所以，上帝是最伟大、最可信的存在，他必然同时存在于现实和思想中。

圣安瑟伦似乎觉得如果他可以把语言正确地组合到一起，那么他就可以创造出一个关于上帝存在的证明。本体论论证更像是一种魔术戏法。

但当我们说到存在的时候，事物的理念和事物本身是不同的。

阿贝拉德的唯名论

神父彼得·阿贝拉德（1079—1144）因与他的学生爱洛伊丝相恋而遭受宫刑。爱洛伊丝后来进了修道院，而他们在余生中一直互致情书。阿贝拉德提出了一些关于语言和世界本质的激进想法。

在任何词典里，像"猫"或者"椅子"这样的单词通常是事物总体或者事物分类的名字，柏拉图认为这样的单词指向一些特殊的神圣的"形式"。阿贝拉德指出，不存在这样的实体，在这个世界上只存在不同的个体。因此，语言往往会让哲学家相信奇怪的、不存在的事物的存在。

阿奎那和自然神学

圣托马斯·阿奎那（1225—1274）提出了另一个关于上帝存在的观点，和亚里士多德提出的"第一推动力"很相似。这个宇宙论的论证指出，任何事物都有起因，所以存在一个推动万事万物的最终因，即上帝。阿奎那同样相信"自然神学"。

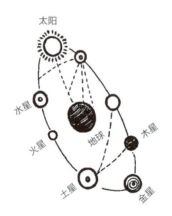

这对中世纪科学家而言是积极的，因为这意味着科学不再是异端。阿奎那的学说还指出，在为数不多的情况下，如果你觉得世俗的规定与上帝的规定相矛盾，那么违背世俗规定是可以理解的。

奥卡姆的剃刀

　　后来，有一位神学家奥卡姆的威廉（1285—1349）通过棘手的逻辑、语言和意义来研究经院哲学。他也是唯名论者，他指出很多学术上的哲学只不过是关于想象中的实体的胡言乱语，他认为最伟大的事实通常是简单的，所以拒绝简单论证而更喜欢复杂论证的行为是愚蠢的。他的这个原则被称为"奥卡姆的剃刀"，令人遗憾的是这个原则对科学产生了很大的影响，而对哲学的影响不大。

能用比较小的代价解决问题而不这么去做，是愚蠢的。

万事万物都应该尽最大限度简化，而不只是简化一些而已。

文艺复兴时期的人文主义

　　文艺复兴这段复杂曲折的历史和文化进程始于 14 世纪的意大利北部，继而在两个世纪内蔓延到了整个西欧。

封建社会逐渐消亡，城市逐渐变得重要起来，近现代商业促进了数学、科学和技术领域的创新。部分原因在于这些学科有利于赚钱。另一个重大变革是宗教改革，这使得居住在新教国家的哲学家提出关于科学、政治和伦理领域更加激进的问题。

并且不再那么关注上帝的存在和本质。

怀疑论者伊拉斯谟

　　哲学家伊拉斯谟（1466—1536）的作品《愚人颂》，不经意间为新教改革的开端提供了帮助。他对天主教教廷的腐败十分不满，他也不把任何人放在眼里，至少是哲学家。

　　和他之前的怀疑论者一样，他也认为人类的"智慧"是虚幻和很难达到的。

政治理论家

亚里士多德的观点主导了绝大多数的中世纪神学、哲学和科学。文艺复兴时期，科学家开始发现，让人难以置信的是，亚里士多德很多时候是错的，太阳并不绕着地球转。亚里士多德还坚称所有政治活动的目的都是创造出道德上正直的公民。有两位文艺复兴时期的政治哲学家也认为这一观点是错的。

马基雅维利（1469—1527）发现意大利文艺复兴时期的统治者都是极度不道德、粗俗的，所以，他认为政治活动必然是关于背叛和欺骗的肮脏游戏。在他的《君主论》一书中，他指出，道德与政治不能混为一谈。

欺诈、谎言、背信弃义甚至谋杀对于一个成功的君主而言都是不可或缺的。

相对于哲学家而言，马基雅维利更像是一个政治理论家，但他对政治活动的敏锐觉察是构筑现代世俗城市社会的基础。

英国人托马斯·霍布斯（1588—1679）在他的《利维坦》一书对人类本性做出了悲观的评价。他被几何学严谨的演绎法所吸引，并且认为逻辑推理可以用来创造一种政治哲学。他对人性的看法，有时被称作心理学利己主义，是机械的和愤世嫉俗的。

人类本性就是自私、粗俗的，所以任何企图让他们变得更加道德的努力都是徒劳的。

如果让他们处于"自然状态"下，他们一定会自相残杀。生活对每个人来说都将是"孤独、悲惨、险恶、残酷和短暂"的。

社会契约论

　　霍布斯认为，为了避免被杀死在睡梦当中，自私的人类不得不建立互惠的"社会契约"，为了使这个契约具有效力，还要建立另一个"政府契约"，这个契约允许政府惩罚破坏第一个契约的人。

君主制政府对保护人类生命和文明的价值观起着关键作用，道德只不过是恶人之间一个可笑的协定。

　　遵守道德就是遵守法律。对我们人类来说，这是个令人不悦的描述，但至少霍布斯激发了人们对人类本性的新兴趣以及对促使人们接受政府必须通过契约才能统治的信念。

培根的科学哲学

弗朗西斯·培根（1561—1626）本身是一位狡黠的英国政客，但作为一名哲学家，他对新兴的科学及其成就更感兴趣。他是第一个提出"知识就是力量"的人。他自己并没有了不起的科学发现，但他对伽利略（1564—1642）等科学家采用的经验主义方法，例如观察、实验和归纳等新的科学方法，产生了哲学兴趣。培根对亚里士多德学派的"目的因"持怀疑态度。

原因完全是物质性的。有常识的人通过科学推理就可以发现物体和运动所遵循的规律。

他本人业余从事的科学实验最终导致了他的死亡。在寒冷的冬天，他曾多次去室外往鸡的肚子里填雪，以观察冷冻在防腐上的作用，这最终使他得了致命的支气管炎。

近代哲学的起源

　　很多人认为近代哲学起源于法国数学家勒内·笛卡尔（1596—1650），他坚持个人的自治，拒绝正统的哲学答案。他研究了心灵的内在运作方式和外部世界的关系，并且强调感知和思考之间的区别。他的系统的质疑方法是内省的和自传性的，但也是客观的和合乎逻辑的。

　　数学在自然科学中的成就，如天文学给笛卡尔留下深刻印象，奉行新教的荷兰政治环境宽松而宁静，他的大多数哲学作品都是在那里完成的。

所有理念都应该经受得住检验。我追求一种哲学，它是建立在正确的逻辑思维方法和发现科学真理的方法论基础上的。

科学的怀疑

　　笛卡尔的《方法论》（1637）试图寻找一种精确的科学知识，提出要将复杂的问题拆解成一个个简单的问题。在他的《第一哲学沉思集》（1641）中，他质疑是否存在可以确定是正确的知识。通过运用极端怀疑论，他发现他可以摧毁他的一切信念，甚至他的抽象思想也可能是虚幻或错误的，一个看不见的魔鬼也许催眠了他，让他认为他是清醒的，并能够做准确的数学计算，事实上他并没有。

我思故我在

　　笛卡尔的怀疑是层层递进的、无情的。他提出不存在绝对正确的知识，他甚至不能确定他自己的身体是否真实存在，但他可以确信他的思想是存在的，怀疑也是一种思考，所以怀疑自己是否在思考是无意义的。出于这种考虑，他提出了著名的"我思"概念。

因为我在思考，所以我一定是存在的。至少在某种精神意义上，或者说，我思，故我在，思考是唯一确定的存在。

　　从这一突破性结论出发，笛卡尔继续证明人类是一种精神思想或灵魂居住在物质身体里的奇怪的二元生物。身体就像机器，最终会消亡，而我们的思想是永生的。尽管这两者之间如何相互作用，我们并不清楚。

清晰而确切的思想

笛卡尔认为上帝会确保抽象理性的思维会像最初的"我思"一样"清晰而确切"，这意味着我们关于这个世界的"清晰"的数学思维是正确的，但我们对世界的感官经验却是主观和有缺陷的。

对于一个橘子的大小和重量，我们是确定的，但对于它的颜色、气味和口感，我们是不确定的。

因此，笛卡尔的怀疑主义是一种哲学博弈，他以此来确定哪些知识是确定的。

笛卡尔对唯一和个人确定性的主观解释存在很多问题，让我们相信感官会对我们"撒谎"，这听起来很奇怪，我们之所以知道木棍在水下面也是直的，是因为我们的眼睛最终会告诉我们它是直的（译者注：木棍最终会从水中出来）。同时，他认为上帝是数学逻辑的保证也很奇怪。

笛卡尔的遗产

笛卡尔孤独的思考看起来似乎为他个人所有，也是无可辩驳的，但他的思考内容仍然是由一系列遵守语法规则的词组成的，并产生于特定的文化历史背景之下。也许任何人对非人的客观确定性的探究本身都是错误的，不过多亏了笛卡尔，后来的哲学家才得以提出一系列新的问题……

> 人类的意识有什么独特之处？

> 我们的思想和我们的身体有什么关系？

> 人类可以发现绝对确定性的东西吗？

笛卡尔的哲学也赋予"真正的知识只能来源于理性，经验得来的知识是二流的"这一教条新的意义，这导致了接下来持续一百多年的哲学辩论。

斯宾诺莎的问题

　　巴鲁斯·斯宾诺莎（1632—1677）是犹太裔荷兰人，斯宾诺莎的一生和笛卡尔一样，他们都是孤独的。因为哲学思想偏离正统，他被犹太教驱逐，从此他靠磨镜片勉强维生，这份工作最终毁掉了他的肺并导致他的死亡。

　　斯宾诺莎一直在"实体"的问题上苦苦探索。如果像笛卡尔所说，心灵和身体是两种完全独立的实体，那么它们是如何互相影响的？

脑袋里的想法如何促成身体上的行动？

身体的感觉如何影响思想？

　　在他1677年出版的作品《伦理学》中，斯宾诺莎否定了笛卡尔的二元论。

斯宾诺莎的一元论

斯宾诺莎用几何学的演绎法论证出只存在一种最高实体，即上帝，万事万物通过最高实体的存在而存在。换句话说，万事万物的本质都可以从一套自然法则中推导出来。斯宾诺莎的上帝不仅包括思维（精神世界），还包括广延（物质世界），但这两种存在模式只是同一物体的不同表达方式。物质世界中的每一个事物都与精神世界对应，就好比每个人的身体都拥有一个心灵。那么，这意味着石头也会思考吗？

不，但根据自然的基本法则，所有事物都有维持它们原状的倾向，从这个意义来说，石头也拥有"心灵"。

斯宾诺莎强调逻辑在神学思考中的重要性，因此对他来说，彻底的科学自由与《圣经》的核心是一致的。他的"一元论"和"泛神论"（神存在于自然界的一切事物之中）被混淆了，后者对英国和德国的浪漫主义产生了深远的影响。

莱布尼茨和单子论

　　戈特弗里德·威廉·莱布尼茨（1646—1716）是一位很有成就的数学家、哲学家和政治家，在与艾萨克·牛顿（1642—1727）的竞争中，他通过探究"推理的代数"奠定了微分和积分运算的基础。他对笛卡尔和斯宾诺莎都持批判态度，并且提出了一套自己的复杂的形而上学体系——单子论。

　　莱布尼茨的核心观念是神的思维包含无限多的实体，但只有最好的才可以被实现。判断"最好"与否的原则是最小的原因（法则或手段）和最大的影响（状态或目的）。

我们的世界是"众多可能的世界中最好的一个"，因为它是由单子组成的最融洽的一个体系。

莱布尼茨所说的"单子"是什么意思？

首先你必须把单子想象成独立的实体······

1. 它只包含与它一致的概念；

2. 除了"偶然的"精神特性和倾向，它没有其他部分；

3. 单子之间没有因果关系，因果关系只存在于它们的状态之间；

4. 每个单子都是一个可以反映整个宏观宇宙的微观世界；

5. 这个世界是存在的，因为上帝通过伦理需要而非物理需要创造了它。

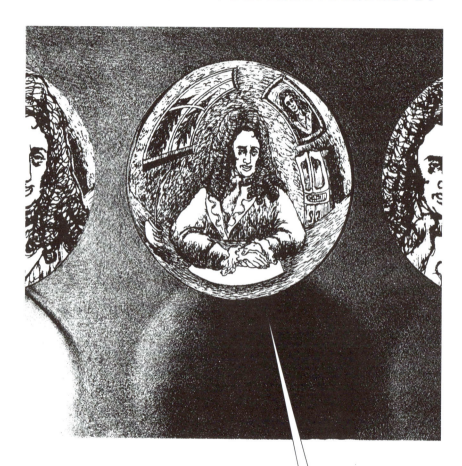

莱布尼茨被认为是"近代的亚里士多德"，因为他试图将学术哲学和新科学理性主义最终统一为一个宏大的理论，并且他还质疑牛顿的绝对和无限的时空理论。

在单子宇宙里，空间和事物的个体位置有关，时间和它们的延续状态有关。

伏尔泰和启蒙运动

　　莱布尼茨提出了一套关于宇宙基本结构的精妙复杂的形而上学模型，但这个模型是对的吗？如何判定这个模型是对的还是错的？这是他和斯宾诺莎理性主义哲学的一个主要弱点。伏尔泰在小说《老实人》（1759）中讽刺了莱布尼茨"最好的世界"的过于乐观的观点。伏尔泰（1694—1778）是启蒙运动的先驱，在这个社会激进主义的时代，人们用对理性力量的新信心对抗教条、迷信和专制。

伏尔泰与多才多艺的百科全书编撰者丹尼斯·狄德罗（1713—1784）及其他法国哲学家一起，大力推介英国经验主义的伟大先驱：培根、牛顿和洛克。

洛克和英国经验主义

约翰·洛克（1632—1704）采纳了笛卡尔关于心灵和知觉的观点，同时也是经验主义的创始人，他认为人类最基本的知识一定来源于感觉。他还认为柏拉图和笛卡尔的天赋论是荒谬的，大多数形而上学理论也毫无意义。

只有这样，思想才会形成自己的新观点，并且不依靠感觉而进行独立思考。

洛克赞同笛卡尔所说的我们关于世界的经验永远是间接的，我们的思想所经验到的实际上只是表象或心灵的图像，也就是说，我们不可能对组成这个世界的"实体"有直接的认识。洛克也认同我们对任何物体的感觉都是混合的，比如说一个橘子。

它的"第一"性质，形状和质量，都"存在于"橘子中，都是客观和可测量的。

它的"第二"性质，颜色、气味和口感，都只是它作用于我们感觉器官的结果，因此是主观和相对的。

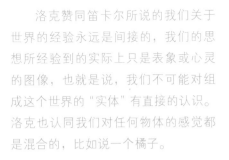

洛克的世界是一个单色无味的地方，而人类用自己独特的方式去感知色彩和气味。如果我们来自另一个星球，拥有不同的感觉器官，那么橘子仍旧是圆形的，但它的次要性质会变得不同。不过洛克从未质疑是一个"外部"世界的存在导致他产生这些体验。

贝克莱的唯心主义

贝克莱（1685—1753）主教将洛克的经验主义哲学变得更加形而上学，通常被称为唯心主义。他指出洛克的第一性质和第二性质不符合逻辑，因为它们是不可分的，比如只通过第一性质（形状）而不借助第二性质（颜色）来区分物体是不可能的。那么为什么假设一些经验是"真实的"而另一些只是"精神的"？贝克莱的结论是，我们的日常经验是一个巨大的幻觉。他用一句名言来形容这一点：存在就是被感知。幸运的是，上帝让这个幻觉保持连续和自洽，所以我们的经验是被"捆绑"在一起的。

一个"橘子的经验"是一个被打包在一起的自洽的形状、颜色、味道等的包裹。

这个理论意味着当事物无法被感知时，它们便不复存在。这个观点听起来不可思议，但它无从辩驳，所以哲学家相当支持这个观点。我们怎么可能通过"超越"我们的感觉来证明贝克莱是错的呢？

也许某一天我们可以问那些拥有不同感觉器官和信仰的其他星球的居民。

然而，"唯心主义"（只有"思想"存在）很容易受到奥卡姆剃刀的攻击：假设我们的感官经验确实是外部世界导致的，而非出自一个非常忙碌的神的安排，这是一个更简单的解释。

休谟和经验怀疑主义

大卫·休谟（1711—1776），苏格兰启蒙运动中的重要人物，他了解当时法国的主要哲学，他是一位无神论者，对声称能"证明"上帝存在的传统神学观念持批判态度。作为一位坚定的经验主义者，他也对理性主义者声称的人类理性的力量和范围持极端怀疑的态度。与贝克莱类似，休谟也是哲学家中的哲学家，他的哲学思想大多技术性很强，但对近代哲学的影响很大。

休谟认识到用归纳法来获得知识存在很大的缺陷，因此反对培根这样的经验主义者，培根等人认为归纳法是学习新知识的基础。

> 如果你个人观察到的所有天鹅都是白色的，那么我们可以得出一个科学的结论：世界上的其他天鹅很可能也都是白色的——直到有一天你去了澳大利亚，看见了一只黑天鹅，然后我们该怎么办呢？

休谟指出所有建立在观察和归纳基础上的科学发现并不是确定的，而且仍然有必要去质疑。归纳法永远不可能像演绎法一样提供确定性。

因果问题

休谟是第一个澄清因果关系的哲学家。中世纪哲学家，比如托马斯·阿奎那，坚定地相信因果关系的确定性——它证明了上帝的存在。休谟分析了"因果"的概念，发现这只不过是人类建立在从前经验基础上的信念罢了。人们倾向于认为所有事件都有起因。

我们认为机器故障、植物生长、星球运转都是有原因的。这些都是非常理智的信念，但也只是信念而已。

这些都建立在归纳法的基础之上，即来自我们过去对机器、植物和天体的观察，但所有这些都不具备逻辑上的必然性。

休谟也意识到道德观念是无法证实的。"邪恶"的概念不是用眼睛就可以看到的东西。只有知道所有人都是有道德的，以及苏格拉底是个人这两个条件，我们才可以证明"苏格拉底是有道德的"。

你无法由事实出发用逻辑的方法证明"盗窃是错误的",因为这个结论最终仅仅是个信念或观点。

在演绎逻辑中,你无法从一些事实/假设中推演出一个有效的信念/结论。

休谟对于道德哲学的观点有时被称作主观主义,他认为像"希特勒是邪恶的"这样的伦理命题只是一个个体的主观感受(我不喜欢希特勒)。休谟指出人类的主张本质上是无法被"证明"的,而"理性"是被高估的。虽然他是个激进的哲学家,但他的个人信仰却很保守,这使他提出人类只有通过他们天生的对彼此的同情心和对社会习俗的尊重,才能获得满足。

令人不安的是,休谟甚至对自我的存在也产生了怀疑,因为它是不可察觉的:"每当我问自己所谓的自己……我总是被堵在一些感知或其他东西上……但如果没有感知,我怎么也理解不了自己。"

卢梭的原始纯真状态

伏尔泰大力推崇约翰·洛克关于"自然权利"的政治著作，洛克声称个人拥有财产权、自由言论权和信仰自由，甚至拥有反抗政府和法律不公的不可剥夺的权利。但瑞士的前浪漫主义者，让-雅克·卢梭（1712—1778），是18世纪晚期极具政治影响力的思想家，他否定了霍布斯主义者的人性本恶的主张。

> 未开化的人类过着愉悦、友爱的生活，但当人类创造出了文明和私有财产之后，一切都开始堕落了。

人类的欲望激发了人类的贪婪，这就解释了为什么在他看来，儿童和野蛮人这些还没有进入社会的人有更高尚的品德。这种"回归自然"的神话影响了诸如浪漫主义的一类文化运动。

共同意志

　　更加令人不安的是，卢梭认为社会的法律应该是一个永远正确的所谓"共同意志"的体现。我们不清楚它是如何建立的，也不知道它何时应当被强制执行。不幸的是，革命形势总是会造就一些无情的理想主义者和机会主义者，他们伺机宣称自己是这个抽象法律的个人化身，然后将其用暴力强加给别人。

这是为什么 1789 年的法国革命的理想主义会迅速转变为 1792 年的"恐怖统治"的原因之一。

康德对休谟的回应

伊曼努尔·康德（1724—1804）是个刻板严谨的单身汉，他的生活习惯如此刻板，以至于柯尼斯堡的市民可以通过他每天外出散步的时间来校准手表。他忠实的仆人兰佩总是带着雨伞跟着他，"以防下雨"。康德说，通过阅读休谟的作品，他从理性主义的"独断论"中醒过来。但他不同意休谟的一个观点，即我们相信因果论是因为我们受过去经验的影响。

我对休谟的回应是，我们关于世界的认知不可能只来自观察。

他们说康德先生喜欢美丽和聪明的女人的陪伴。

是的，并且他的学生也喜欢他讲的课，虽然听说他的课是很难的。

康德提出，人类能够"看到"世界上的因果关系是因为它们就是这样构成的。从前没有一个理性主义者或经验主义者认识到这一点，他是第一个做此表述的哲学家。

精神结构的先验经验

　　在他的《纯粹理性批判》（1781）一书中，康德证明试图通过理性来形成形而上学的"真理"会导致无法调和的矛盾，然后他论证了我们如何从这个世界获得知识。人类的思维是主动的信息加工，而非被动的信息受体。当我们看着这个世界时，我们会"建构"它，从而获得意义。有些我们应用到现实经验中的概念可能确实来自过去的经验，但更重要的是先验。它们是先在的，即先于我们的经验存在。

大脑会把我们的经验用它自己的"直觉"和"范畴"加以整理和系统化，使那些涌入我们感官中的大量数据具有意义。

　　休谟声称我们是通过经验来逐步构建概念结构的。康德则说除非我们已经有了某种精神上的概念结构，否则我们不可能具有经验。所以，康德也是某种意义上的唯心主义者，"没有内容的思想是空洞的，没有概念的直觉是盲目的"。

现象的和本体的世界

　　更为重要的是，我们的每一次经验也必然会碰到时间和空间的"直觉的形式"，因此，在一定程度上，我们对世界的经验也是我们自己创造和组织的，虽然对于我们经历过什么以及如何经历是有严格限制的。比如我们不能选择我们的感官"输入"什么，也无法改变我们思想的运行方式。

我们所能经验的只是这个"现象的"世界，它和"本体的"世界完全不同。只有上帝才能看到本体的世界，因为他不受时间、空间和人类思维的限制。

　　康德总结说，人类的科学负责处理这个现象的世界（"呈现"出的事物），宗教则负责处理那个未知的、本体的世界（真实"是"的事物），所以科学和宗教未必是相互冲突的。但是，如果我们所经验的只是这个现象的世界，我们又怎能对那个本体世界的存在如此自信呢？

定言令式

康德认为，人类不同于物质客体，我们是可以逃避这个现象世界的因果关系的。如果选择成为有道德的人，我们首先要有自由意志。"应当意味着能够"。

如果要有美德，那我们必须忽视自己的喜好而尽职尽责。做一个有道德的人意味着与自己的天性和内心邪恶的欲望作斗争。通过运用理性，我们将会发现我们的职责所在，即遵从一套强制的规则和绝对的律令。康德提出，"人们应该只按照能够成为普遍规范的原则来行事。"

这个机制是：如果我们决定撒谎，那么我们就假想如果每个人都撒谎将会发生什么。

撒谎本身就会变成一件稀松平常的事，真实（和撒谎本身）的概念就会不复存在。语言、逻辑、意义和所有的人类交流方式都会消失在可怕的毫无逻辑可言的真空里。

因此，撒谎是非理性并且错误的。康德相信上帝的存在，并且认为宗教让平常人也能理解这个看起来不道德的世界。但也许道德的含义并不仅仅是遵从一套强制的道德规定，而不考虑个人所处的环境。比如我们可以设想一下在什么情况下撒谎实际上是道德的。

黑格尔的辩证法

　　格奥尔格·威廉·弗里德里希·黑格尔（1770—1831）过于自信地认为自己的哲学体系可以揭示关于现实和人类历史的终极真理。由于其无所不包，再加上用黑格尔式的抽象语言书写，使得黑格尔哲学非常难懂。

　　在黑格尔登上哲学舞台之前，哲学家一直认为亚里士多德已经发现并完成了逻辑学的建构。

但是还有另外一种逻辑：知识是一种不断进化的概念史，而非孤立的是或否的事实命题。

　　理念会逐步演进，并变得能够更好地把握现实，黑格尔将这一过程称为辩证法。

辩证逻辑

历史总是关于那些号称能够精确地描述现实的不同变化的概念间的斗争的。但任何概念或命题都会带来相反的概念或否命题，因此，除非综合考虑，将二者最终统一起来，否则，概念和相反概念、命题和否命题之间将永远存在斗争。

这个新的概念会带来与之相对的否命题，除非形成一种"绝对观念"，否则这个过程会一直持续下去。

人类思想和文明经历过很多不同的阶段，直到实现了"绝对观念"和社会和谐，这种关于人类思想和文明的观念兼具进步性和宗教性。黑格尔认为，对历史的研究最终会揭示出与上帝意志非常相似的东西。

命题

否命题

综合命题

人类意识和知识

　　黑格尔的形而上学研究思想本身最本质的东西。他认为过去的哲学的关注点过于狭隘，只研究关于知识的技术性问题，哲学需要放眼人类思想和相关文化的历史进程。黑格尔和康德一样都是"唯心主义者"，他赞同康德所说的我们从未直接通过感官来体验这个世界，而是通过一种我们意识参与的包括沉思或筛选的方式。黑格尔在这条路上甚至走得更远。

　　人类意识本身不是固定不变的，而是持续变化的，并发展出新的范畴和概念，这决定了我们如何体验这个世界，因此知识和文化背景息息相关，也是一系列立场冲突的产物。

相对知识和绝对知识

　　所有关于"客观"和"主观"的哲学陈述都是完全误导性的。哲学家不可能创造出譬如"完全的哲学真理"这样的东西，因为任何观念在本质上都是不断变化的。知识是一种动态的文化和历史进程，而非固定的、只等着被发现的、与时间无关的"存在"。这使黑格尔像一个后现代主义的预言家，因为他强调在变化的辩证法中，静止的、客观的事实或真相是不存在的，但他却相信辩证法会在某个最终阶段达到高潮，那时人类将会拥有"真正的知识"。

　　对于个人意识和自由，黑格尔也有一种全新的、意义深远的解释。

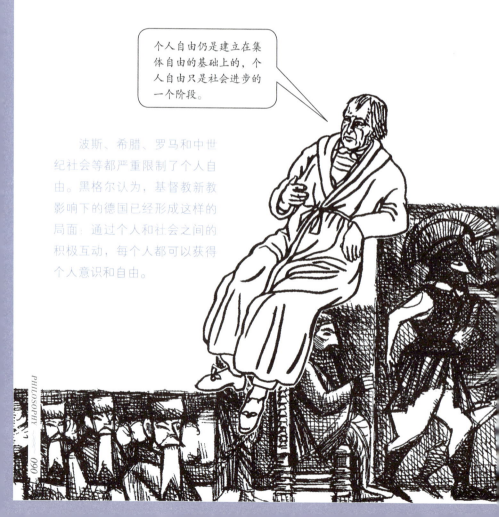

> 个人自由仍是建立在集体自由的基础上的，个人自由只是社会进步的一个阶段。

　　波斯、希腊、罗马和中世纪社会等都严重限制了个人自由。黑格尔认为，基督教新教影响下的德国已经形成这样的局面：通过个人和社会之间的积极互动，每个人都可以获得个人意识和自由。

国家和"历史的终结"

黑格尔把他所在的普鲁士专制国家看作某种已经达到最终演进阶段的"超人"。他和他的公民同胞们只是这个巨大有机实体的一部分，他们也在其中获得自我身份和道德地位。

存在即合理……

黑格尔由衷地相信他通过引入绝对知识的观点已经完成了康德的工作，"历史的终结"从中是可以预测的。当一种可以指导全部现实和人类理性的"精神"最终被揭示的时候，他的决定论辩证过程就将到达终点。这个过程是艰难的，因为它不断涉及激烈的、无情的历史力量之间的冲突。不可否认的是，当《精神现象学》在1807年首次出版时，欧洲就开始有了很多这样的冲突。现在看来，人类的历史具有可预测的"命运"或最终目的的这样的黑格尔式论断或其他任何类似判断都是相当可疑的。

叔本华的意志概念

德国还有一位反对黑格尔哲学和方法论的哲学家——亚瑟·叔本华（1788—1860）。他认为黑格尔对人类历史美好结局的信念是愚蠢的和沽名钓誉的。作为一个坚定的唯心主义者，他赞同康德所说的人类只能在这个世界上生存。但对他来说，这个现象世界只是个被意志控制的幻象，而意志是所有生物，包括人类最终的引导者。

这个世界是毫无目的的，有一种力量驱使所有的生物交配、繁衍和死亡。

人类倾向于相信他们各自的生活有更高的意义，但他们的生活无外乎是向新的欲望屈服。不同的个人意志最终会产生冲突，这就是人生痛苦的根源。

逃离这种惯性的唯一方法是结束欲望。

避免这种生活的一种方式是投身于艺术活动或沉思，另一种是过苦行克己的生活。叔本华是西方第一位受佛教影响的著名哲学家，他的观念虽然在今天被忽视，但曾对作曲家理查德·瓦格纳（1813—1883）和德国哲学家尼采等人产生过巨大影响。

尼采·反基督者

弗里德里希·尼采（1844—1900）虽然像其他大多数德国哲学家一样，在严格的路德教派家庭中长大，但他变成了反基督主义者，并且反对任何有关"超验"或"本体"世界的信仰。

> 上帝已死……而且是被我们杀死的。

作为古典语言学家，他受到的教育让他觉得人们对于惩罚、内疚和永恒的诅咒过于狂热，因此古希腊世界优于当代基督教世界。古希腊人生机勃勃、富有创造力，他们明智地接受命运，并颂赞人类从痛苦中孕育出的悲壮而崇高的生活。

善恶的彼岸

像他之前的哲学家一样，尼采也尝试过重新定义人性。他认为不能将独特的个体统一化，因为这样将会把所有人简化为"共性"，这是错误的。他预言近代的资本主义和技术进步只会带来由平庸的"最后的人"组成的小资产阶级社会。

我希望人类能再进化一点——变成超人。

犹太—基督教文化偏向于支持弱者和普通人，而超人则需要拒绝"公众道德"，超越传统的善恶观，关注更加激进、更富有个人创造性的"权力意志"。虽然尼采的超人学说与阶级或种族特征无关，却与性别有关——他无疑是女性歧视者。他的"权力意志"哲学后来被纳粹利用，用来推广纳粹的反犹太教义。

预言后现代

尼采激进的怀疑主义使得他认为基于"理性"的道德或通用的道德准则是不存在的,他认为那种"理性"只是能满足人们需求的某种偏见;所有概念上的知识都建立在一般化的基础上,并取决于当时的意识形态和范畴体系,这充分否定了个体和个性。大多数所谓"永恒的"真理只不过是暂时有用的、随历史变化的信念。

真理,就像道德,是个相对的概念。事实是不存在的,存在的只是不同的解读而已。

尼采预言了后现代主义。维特根斯坦和德里达首先将信仰"解构"为语言陷阱,这与他的预言是一致的。("不摆脱语法,我们将永远无法摆脱上帝。")福柯的知识考古学在很大程度上也受尼采的谱系学和权利意志概念的启发。

永恒轮回

尼采还提出了一种关于永恒轮回的"快乐科学"，这个想法是受前苏格拉底哲学家赫拉克利特的影响，赫拉克利特声称时间是一遍又一遍循环往复的。这是尼采对康德的道德规范和对叔本华"欲望是苦难的源头"的悲观看法的一个狡黠的批判。永恒轮回是判断一个人生命价值的关键。

如果你真的过得很好，那你岂不是希望能一遍遍重复这样的生活？

如此一来，决定生命价值的不是基督教的"目的"，而完全是当下的选择。当下的选择可以证明存在的价值，这个观点使得尼采成为存在主义的先驱。

克尔凯郭尔的基督教存在主义

　　丹麦哲学家索伦·克尔凯郭尔（1813—1855）不认同康德所提出的宗教信仰和道德都可以建立在理性的基础上，因为信仰在根本上是非理性的，并且完全无法证明。他还反对黑格尔式的"二者/皆"式的辩证流程，因为它吞噬了人并完全忽视了人需要作出属于个人的"二选一"式决定的事实。

　　克尔凯郭尔主要关心的是存在的问题，因此，他的哲学被看作存在主义的先驱。大多数人都会忽略生活的意义，并且宁愿逃避隐匿在陈规旧序里。对克尔凯郭尔来说，这都算不上好的选择。

存在意味着你有选择你是谁的自由，这是一生的承诺。

所有人都注定要在不确定和荒唐中度过一生，致力于永远无法被证明的主观真理。

信仰之跃

对克尔凯郭尔来说，这意味着要通过实现"信仰之跃"而变成一个坚定的基督徒，因为基督教的核心信仰本质上也是不可知的。他的结论是：人可以选择过有道德的生活、有美感的生活，或有信仰的生活。而他自己则选择了第三种，即有信仰的生活。

我认为我的一生都要履行对上帝的契约，在"恐惧和颤栗"中度过。

即使上帝的存在具有"客观不确定性"，人也可以成为一名基督徒。这不是克尔凯郭尔在他自己所在的路德教会中激烈批判的"公共基督教世界"。他的信仰是幽默、逗趣和热情的，他像小说家那样使用很多笔名写作，并极力反抗枯燥抽象的哲学研究。

从唯心主义到唯物主义

在八十多年的时间里，德国唯心主义哲学家一致认为世界是由思想构成的，虽然有过一些关于思想的本质和人类对思想的知识的分歧。路德维希·费尔巴哈（1804—1872）是对黑格尔异化概念做出修正的核心人物。根据黑格尔的理论，意识通过在自身内部呈现相互冲突的差异，然后进一步洞察以克服这种冲突或自我异化来取得进步。那么在费尔巴哈看来，如果这就是心智进化的方式，宗教的错误就变得很明显。

即使人类已经取得了可观的进步，我们还是习惯于把所有未实现的完美投射到一个想象中的、非人类的实体（即上帝）身上，而不是关注我们人类自己。

后来，费尔巴哈从一种"黑格尔左派式"的对宗教幻觉的批判转向激进的唯物主义，他说："人就是他所吃的东西。"这句话意味着物质需求是首要的，而精神需求是次要的。费尔巴哈将黑格尔哲学和唯物主义相结合，为卡尔·马克思的学说开辟了道路。

马克思的辩证唯物主义

卡尔·马克思（1818—1883）年轻时曾是一名"黑格尔左派"，但他后来发展出了一套新的辩证唯物主义的历史模型。他的哲学思想是德国古典哲学、英国政治经济学和法国式社会主义的独创性结合。

我的辩证法不仅和黑格尔主义的方法不同，而且是完全对立的。

哲学家仅仅是在从不同的角度阐释世界，但最重要的是改变世界。

黑格尔的辩证法将人类历史看成不断争取自由的进程，并在普鲁士政府统治时期达到巅峰，他说那时的人们有绝对的自由。马克思认为黑格尔的这个结论过于草率，换句话说，"不是意识决定存在，而是存在决定意识"。思想没有也不能创造现实，但经济基础可以决定人们的思想。

对马克思而言，历史是一个不断辩证的斗争的故事，不是基于抽象的黑格尔派的斗争，而是基于社会阶级和经济力量的斗争，因此他的哲学时常被称为辩证唯物主义。历史斗争起初存在于奴隶和奴隶主之间，后来演变为农奴和封建地主之间，现在社会的经济斗争则存在于资产阶级（资本和生产工具的持有者）和无产阶级（出卖劳动力的产业工人）之间。这场辩证的战争将不可避免地以国际性工人革命结束，从而最终改变人类的社会和历史。

经济哲学

　　马克思作为经济决定论者，宣称人类的一切信仰和活动，包括宗教和哲学上的思想和行为，最终是由物质力量产生的。一切经济关系和生产力基础在根本上决定并促进了法律、政治和文化的上层建筑。这些上层建筑的主要作用是形成和传播意识形态。这意味着每个人，包括资本家和被剥削者，本质上都是"错误意识"的受害者，因为他们没有意识到阶级之间的剥削是长期存在的。

剩余价值

大卫·李嘉图（1772—1823）提出了劳动价值理论，他认为商品的价值是由生产它所耗费的时间决定的。马克思则更进一步，他指出，资本家可以通过侵占生产商品的剩余工作时间，或者说剩余价值，来剥削劳动力。

一个工人所生产商品的价值很快就足够支付他的工资、生产机器成本和工厂租金。

但他的工作时长实际上多于这些必要的时长，因此，资本家就可以获得剩余的价值。

工人是财富真正的创造者，但他们却被边缘化——他们意识不到这些商品实际上是属于他们的。"大多数劳动力都被转化为少数特权阶级的资本。"

资本主义的终结

　　由于另外一位经济学家亚当·斯密（1723—1790）的贡献，大多数 19 世纪的欧洲人认为资本主义是不可避免的，甚至是上帝创造的。马克思却认为他研究经济学的科学方法可以精确地预测资本主义制度的崩溃。随着财富集中在少数人手里，大多数人会被迫走向贫穷。

　　革命终将开始，共产主义社会终将到来。那时每个人都将各尽所能，各取所需。

先知马克思

　　马克思一直声称他自己并非"马克思主义者"。虽然他对自己的观点是严肃认真的，但他不喜欢被自己的追随者看作永不犯错的先知。如今，经济学家已经不那么相信自己的学科可以成为"科学"，因为经济学不具备科学所应有的可以预测的准确性。

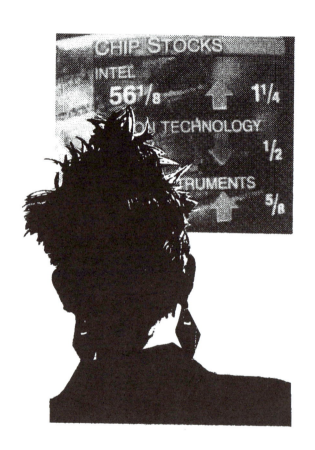

　　一些马克思主义者，比如法兰克福学派的赫尔伯特·马尔库塞（1898—1979）最终得出结论，这些"上层建筑"有它们自己的走向。

意识形态对于人类思想和历史来说，是和经济一样重要的，这意味着黑格尔也许是对的。其他"后马克思主义"哲学家和活动家赞同包括安东尼奥·葛兰西（1891—1937）等的观点，他们认为人们把他们所处社会和政治世界里的意识形态结构看作"自然化"的。

这意味着人民对政府的压迫会更加逆来顺受。

主导思想是一套复杂详尽的符号系统，这个系统在整体上是一个有力而可信的假说，并且形成社会和文化的"现实"。

罗兰·巴特（1915—1980），作为后结构主义者，对这个"自然化"过程的原理进行了解释。

功利主义：道德科学

　　与马克思在大英博物馆图书馆写作的同时，一种非常不同的无神论唯物主义——功利主义在英国诞生了。它是由杰里米·边沁（1748—1832）创建的，后来约翰·斯图尔特·穆勒（1806—1873）对之做了进一步的完善。与马克思不同的是，这两个英国哲学家都认为资本主义本质上没什么问题——资本主义是必然的，也是优越的。

　　边沁是位非主流的律师，他的兴趣在于研究道德和法律之间的关系。

英国法律体系建立在一片不科学的历史偏见和宗教迷信的混乱之上。它就是踩在高跷上的胡言乱语。

　　因此，他提出了他自己的新型伦理和政治体系，这个体系建立在对人性的"科学"定义之上。

所有人都是痛苦和快乐的有机结合，因此，道德和政治哲学应当寻求增加快乐和减少痛苦，这才是民主的。

那么，任何选举产生的政府的任务都应该是确保大多数人最大限度的幸福。

"快乐"可以被量化和科学测量，因此道德和政治问题可以被"计算"，边沁对这一点深信不疑，并称之为"对幸福的积分"。他也认为资本主义体系能带来最多的物质上的幸福。

大众的幸福

对于民众和民主政府来说，功利主义显然是合理的，人民能够得到想要的东西，或政府认为人民所需要的东西。功利主义推动了维多利亚时期的公共事业，例如铺设排水渠、建造学校和医院，因为这些事物可以给人民带来幸福。边沁还认为政府应当用贫民窟来惩罚不愿工作的人，用"全景监视监狱"来惩戒罪犯，在那里每一个罪犯都永远被中央监视塔监视着。

多数人的暴政和多元主义

　　约翰·斯图亚特·穆勒对边沁的学说进行了改良。他担忧功利主义会自然而然地走向"多数人的暴政"。如果大多数人认为只有在对少数社群，比如吉卜赛人和新世纪旅行者[1]，施以严苛措施时才会让他们感到幸福，那么政府就有义务做这些事。

　　功利主义对保证个人的人权没有建树，而且，由于必须存在一个中央机构来对幸福进行分配，中央政府及其官僚机构的权力将变得非常强大。

　　穆勒注意到了这个问题。在 1859 年出版的《论自由》中，他提倡在不伤害他人的前提下，对小众思想及生活方式实行宽容政策。

多元社会才是健康的，因为它会给"真理"提供一个击败谬误的舞台。道德比多数人统治更重要。

　　穆勒还认为边沁功利主义学说的基础本身就经不起推敲。即便个体会像程序设置好了那样追求他们的个人幸福，但功利主义又给他们什么动机来促成他人的幸福呢？

_____

1. 指以车为家、无固定工作、拒绝接受社会正统思想和生活方式的人。——译者注

美国哲学的起源

　　美国是欧洲的创意产物，部分原因是美国宪法是建立在启蒙运动的哲学原理上。在独立战争（1774—1781）后，所谓的"开国元勋"必须确定美国未来的政治制度。当时有很多对中央政府及其权力范围的辩论。出人意料的是，一大批美国政治家实际上对民主制度是持怀疑态度的。但其他人，例如托马斯·杰斐逊（1743—1826）和本杰明·富兰克林（1706—1790）非常严肃地看待新型欧式政治思想和哲学思想，他们的观点最终占了上风，美国成为一个民主国家。

没有政府是最好的政府

    亨利·戴维·梭罗（1817—1862）是一位早期的美国哲学家，他认为自由和幸福在没有政府的条件下可以更好地实现。梭罗退隐了两年两个月零两天，他住在马萨诸塞州的一个湖畔小木屋里，就是在这里他写出了《瓦尔登湖》（1854年出版），这部著作是对自然环境的宁静之美和简单生活方式的称颂。

我们的生活被太多的琐事杂务所消耗……生活应当简单，再简单。

在 1846 年的   天，梭罗离开了他的小屋，散步到城里去修鞋。不幸的是，镇上的警察看到了他，并要求他缴纳人头税。梭罗认为这部分税收会被用于支持对墨西哥的战争和奴隶制法律，因此他拒绝缴税并入狱一晚。结果，他写成了极富浪漫主义和无政府主义色彩的《论公民的不服从》。

不服从的传统仍在继续。许多像诺姆·乔姆斯基（生于 1928 年）这样的优秀的美国人仍然相信个人良知高于国家法律，并且对大企业和政府持怀疑态度，这些企业和政府在国家管理和对外政策上起了很大的主导作用。垮掉的一代和嬉皮士的"另类文化"在梭罗的无政府主义异议中都有迹可循。

爱默生：超越的知识

　　梭罗并非是在与世隔绝的美丽乡村中发展出他的关于个人意识的思想。他是美国独有的文学和哲学运动——超验主义的成员之一。当哲学被冠以"超验"的标签时，通常表示它更高、更真实，在某种程度上是超越普通人类的感知和经验的，并且只有通过理性和直觉才可以达到。柏拉图的"形式"理论和中世纪神学对上帝本质的推测就是很好的例子。至于康德，他认为这样的超验知识是无法实现的，尽管通过演绎法推论出一些适用于所有人类经验的可能范畴和直觉的超验知识是可能的。

　　拉尔夫·沃尔多·爱默生（1803—1882）的超验主义是对柏拉图主义、康德思想、印度教、德国唯心主义和英国浪漫主义的一个独特而奇异的混合。超验主义看起来是很神秘的，它强调直觉的优先性，认为个人良知高于国家法律和宗教秩序。

除了你心灵的纯洁性，没有任何事物是神圣的。

像爱默生和梭罗这样的超验主义者对于自然世界的美持一种泛神论的态度，他们认为这种美之所以存在，是因为神性寄存于尘世间的万事万物中（这是一个实际上相当不超验的哲学观点）。爱默生提出人生的根本目的是最终与"超灵"的结合——一种无形的实体，有点类似于斯宾诺莎的一元论物质或黑格尔的"精神"。超验主义是许多不同的欧洲（和东方）哲学和文学传统的奇怪衍生物，它使得它自己成为一种有趣的社会和文学现象，而不仅仅是哲学现象。

在晚年，爱默生成了一名积极的废奴主义者，并且在北美各州进行了很多次反对奴隶制的演讲。这两个人（梭罗和爱默生）对美国文化和政治生活的影响是巨大的。"要成为人，首先要成为一个不循规蹈矩的人。"

实用主义

但美国最重要并真正独立的哲学还是实用主义。查尔斯·桑德斯·皮尔士（1839—1914）和威廉·詹姆斯（1842—1910）都是激进的经验主义者，所以或多或少对由超验主义所支撑的种种形而上学的推测有些敌视。实用主义反对传统的理性主义和经验主义关于知识是某种个人精神体验的哲学观点，实用主义提出人类知识应当被看作人类为了适应环境所产生的解决问题的能力。

任何观点都应当被严谨地审视，但如果它对日常生活毫无意义，那么它就变得不那么重要或"真实"。

人类的知识只有在有用、有"变现价值"时才是有意义的。

所以归根结底，如果能让19世纪美国人的生活变得有意义，即便超验主义者的神秘主义也是"有用的"。

C. S. 皮尔士

最具彻底性和独创性的实用主义者无疑是 C.S. 皮尔士，他近几年才逐渐获得赞誉，因为他几乎凭一己之力打下了 20 世纪哲学的基础。和梭罗类似，他从未真正"适应"美国上层社会。他在有生之年未曾出过一本书，大部分时间他都在隐居，并在贫穷中死去。早年，他曾是活跃的物理学家，并在地球物理学方向取得过重要的发现，他也对形式逻辑和科学哲学作出过重大贡献。正如我们后面将看到的，皮尔士激进的经验主义哲学预示了逻辑实证主义的观点。

对于"现实"的本质，哲学是无法建立"最终的真相"的，单独的观点必须通过其产生的效果来验证。

皮尔士把自己称为"充满歉意的可谬论者"，因为他意识到人类所有的科学知识都是暂时的，如此一来他便预示了卡尔·波普尔的"可证伪性理论"（见本书 P.160）。

符号学

更重要的是，皮尔士在一定程度上创立了符号学——关于符号的理论，这一学科对 20 世纪结构主义和后现代主义的发展至关重要。皮尔士把符号分类为自然符号（用乌云象征雨天，用斑点象征麻疹）、图标符号（用符号来模仿被象征物，比如冷冻豌豆包装袋上的一幅豌豆图画）或传统符号（这种符号仅仅是一种创造，是不成文的传统，例如西方社会用红色表示危险）。皮尔士把最后一种符号称为"象征"。

它们是最古怪的，因为它们仅仅由它们被如此使用或理解而构成。

词汇和语言是由这些象征构建的，自然符号和图标符号往往表示着它们所代表的东西的存在，但像文字这样的象征符号却并非如此。如果我们读一本书，书里有"大象"这个单词，没有人会认为屋里真的有一头大象。因此皮尔士已经非常接近这样一个结论：语汇是"任意的"象征符号，这些符号在某种程度上仍会产生意义。这一发现对哲学来说意义深远，本书的最后一部分将对此作进一步的说明。

威廉·詹姆斯

威廉·詹姆斯受皮尔士的实用主义影响很大。詹姆斯认为思想不应被看作抽象的形而上学的实体，而应被看作有实际用途的工具——比如预知能力，皮尔士对这一论点是赞同的。詹姆斯的《心理学原理》（1890年出版）是关于人类心理的第一本真正的教科书，书中强调了心理学本应是关于实验的自然科学。詹姆士对意识的物理基础和生物学功能很感兴趣，他用达尔文的进化论对此进行了解释。

> 人类进化是意识和环境相互影响的互动过程：意识是为了生存而存在的。

詹姆斯的心理学以机能主义而被熟知，詹姆斯认为机能主义最重要的一点就是研究意识的功能和意识所带来的不同。他还把意识看作一个连贯的过程而非一系列分散的想法，这个论调影响了20世纪的虚构小说和胡塞尔的现象学。詹姆斯还通过他的亲身经历提出，运用自由意志有可能对抑郁症的治疗有效果，他也赞同宗教信仰给很多人的生命赋予了意义，他晚年出版的《宗教经验种种》（1902）一书研究了神秘主义现象。最终，他还是相信了上帝的存在，但他认为这种存在是有限的，这有效地解释了人类为何是自由的，并且与上帝是分离的，也解释了为何世间会有邪恶。

约翰·杜威

约翰·杜威（1859—1952）是个系统的实用主义者或"工具主义者"，他认为"哲学"意味着批判性思考和用"科学的"方法解决人类问题。杜威等实用主义者对科学取得的成功和科学研究方法有极大的热情。杜威相信哲学通过对各种各样的知识，比如伦理学、艺术、教育以及当时新兴的社会科学的贡献，可以为创造新的美国民主发挥关键性的作用。和皮尔士一样，杜威也是个理论上的"可误论者"，但他仍坚定地相信人类事务通过实践取得进展的可能性，即社会只有将其成员教育为智慧和灵活的人，本能取得进步。

> 我认为教育家不应该把学生看作被动的空罐子，来进行填鸭式的教育。

> 而应把学生看作思想独立、可以独立解决问题的个体，让他们逐渐接受挑战。

在他于芝加哥大学开设的著名实验学校里，老师鼓励学生通过提出假设和做实验验证来解决问题（这个传统一直延续至今）。杜威认为应当倡导艺术，因为艺术能激发出对个人"问题"富有想象力的"回答"。

民主

　　杜威出于实用主义的考量，对民主持支持态度。他认为民主社会是最优越的，因为这样的社会灵活不教条，也因此不畏变化，这也意味着杜威对社会学这个新学科的兴趣是出于社会学能带来有用的数据。他认为，抽象的理论永远不能解决社会问题。

关于历史和社会，真正的理论是不存在的，只存在具体翔实的分析。

　　和所有人一样，杜威是他所在时代的产物。他关于"社会"的观点被限制在一个十分中产阶级的、美国小市民的层面上，并且是渐进主义的。他认为，是教育，而非社会变革，让普通美国人的生活质量得以提升。

新实用主义者

　　战后的美国，实用主义的地位被欧洲舶来的分析哲学和现象学逐渐侵占，但只持续了很短一段时间。实用主义从未消失，美国哲学家仍旧对他们哲学的实用性持有信心，虽然关于具体的用途还存在一些分歧。W. V. 奎因（生于 1908 年），美国哲学家，他几乎凭一己之力证明了分析哲学中的某些中心要义实际上是很不精确的。他也是一位实用主义者，因为他提倡人类知识归根结底是整体的。

知识是一个"矩阵"，或一个总会受经验影响的一系列信仰的综合体，即便我们对数学和逻辑的"信仰"也是如此。

我对"基础"哲学感到很怀疑，因为根据基础哲学，哲学家可以通过一些特殊方式提出关于现实的毋庸置疑的真理，或为所有人类知识建立"基础"。

　　另一位美国哲学家，理查德·罗蒂（1931—2007），经常被称作"精致的新实用主义者"，部分原因是他仍然坚持探寻哲学的根本目的。

哲学的崩塌

如今在美国，至少有一万名专业的学术哲学家。他们仍旧把哲学看作一个处理意识和人工智能、医学伦理学、人权、数学、认识论和伦理相对主义的关系、逻辑等问题的实践活动。美国哲学家是一个巨大的勤奋团体，本书只能从中粗略地总结一二。

在《正义论》中，约翰·罗尔斯（1921—2002）试图证明在一种虚构的前社会契约下，社会正义和自由资本主义民主制度是有可能和谐共存的。

索尔·克里普克（生于 1940 年）曾试图改变哲学家思考逻辑与经验这一对关系的方式。他指出诸如"水是 H_2O"这样的知识和数学、逻辑知识是一样"确定"的。

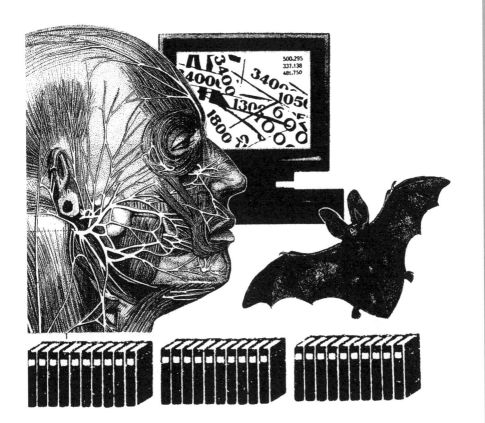

　　丹尼尔·丹尼特（生于 1942 年）曾提出一系列关于人类意识本质的激进论点，托马斯·内格尔（生于 1937 年）的著名论文《成为一只蝙蝠可能是什么样子？》同样表达了这个观点。

　　约翰·塞尔（生于 1932 年）曾研究过语言哲学，对一切狂热的唯物主义意志说都持批判态度，他声称所有基于数字密集运算的电脑都比人类思维快，却没有我们聪明，因为电脑对"意义"的含义一无所知。

　　新实用主义者罗蒂提出过一个臭名昭著的观点，即哲学在广泛的文明对话中只不过是一个有趣的声音，或可能更糟——哲学是哲学家所得的一种需要治疗的"病"。这种怀疑论观点也许是真的，但似乎并不能阻止每年大量新的美国哲学书籍和文章的出版（约 4 000 种）。

20 世纪哲学简介

　　尼采曾说哲学观点只不过是时代的主流信仰而已，20 世纪哲学也不例外。哲学家倾向于采用不同的方法来处理相同的主流题材，例如现代大众社会的问题、个人认同的丧失、怀疑和相对主义的不确定性，关注的重点也更集中于人类意识、生命的意义和逻辑等这样的复杂问题。过去八十年的哲学通常被归类为"分析哲学"或"大陆哲学"。

分析哲学通常是英国或美国的……

大陆哲学通常是法国和德国的……

但令人迷惑的是，两位伟大的分析哲学家，弗雷格和维特根斯坦，分别是德国人和奥地利人。

　　大陆哲学的特点是对笛卡尔、康德和黑格尔建立的传统哲学进行再思考。

现象学的起源

康德对形而上学进行了批判，他的结论是我们所知道的任何程度上的经验的确定性都是现象世界的经验感觉，是一种表面的状态，而非事物"真实存在"的本体世界。但我们应该问这样一个问题："我们正在经历时，我们经历的是什么？"

现象学通过研究事物是如何投射在意识上的，来试图回答这个问题。

哲学家兼心理学家弗朗兹·布伦塔诺（1838—1917）提出了"描述心理学"或"现象学心理学"。

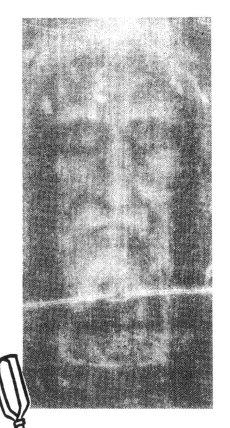

当某事物被展现在某人的意识中时，我想知道这个人在想什么。

布伦塔诺坚持意向的首要地位：意识总有一个"意向的"对象，意识总是指向某种东西。如果我在思考、憎恨或观察某物，那么总会存在某些事物被我思考、憎恨或观察，即使它们实际上并不存在，比如幽灵或记忆。

现象学与心理学和数学的关系

　　威廉·冯特（1832—1920）在1879年正式创建了实验心理学，现象学与它的诞生有直接关系。冯特是第一个提出内省的人，内省即根据严格的规则评估一个人的心理状态，包括通过实验的方式。他本人和格式塔心理学的创始人克里斯蒂安·冯·艾伦费尔斯（1859—1938）关系很好。对埃德蒙德·胡塞尔而言，数学则为他提供了一个重要线索，胡塞尔原本是研究数学哲学的，他采纳了布伦塔诺的意向性意识理论，把现象学定义为对意识内容的描述。

通往真知的唯一道路是审视自己的意识。

我同意，笛卡尔先生，但你如何确定真正的意识是什么？

还原的方法

　　似乎只有一种方法可以
确定意识是什么，即忽略一
切形而上学和理论上的干
扰，只关注意识的内容及其
"意向性"的本质特征，做
一系列减法。胡塞尔称此为
悬置法。

关键在于暂缓对"真实"
或"现实"的研究，或把
它们用括号括起来，如此
一来，剩下的内容只有单
纯的直观经验。

　　但胡塞尔指出，问题在
于这样的做法会导致唯我
论，即唯一可以确定的只有
你自己。他甚至对此也不确
定，因为我们的本体是从来
不会直接出现在意识中的。

海德格尔：探究存在

现象学接触到了原始的意识水平。问题是：意识中是否存在"事物本身"，或世界是否仅是想象中的世界？胡塞尔的学生，马丁·海德格尔（1889—1976），让这个问题变得更加激进，他问了一个更根本的问题，即什么是"存在"（being）？在他的《存在与时间》（1927）一书中，这个被称为"基本本体论"的有关存在的问题，将我们决定性地定义为存在着的人（human beings）。

什么是"是"？如果我们忽视了这个关于存在的基本问题，那么我们将无法看清我们在这个世界上存在的方式。

笛卡尔的"我思，故我在"，和胡塞尔的意识本体一样，忽略了人类的存在是不可永存的，是有限的。"存在于"这个世界（此在，Dasein）与"意识到存在"完全不同，人性是我们存在于这个世界的一种能力，它是由我们所做的选择决定的，包括错误的和虚假的选择。

虚无和不真实

海德格尔问道："为什么存在存在着，而不是不存在？"我们面对的是一种没有客体的焦虑，一种"虚无"（Das Nichts），就是我们自己即将到来的死亡。但在我们活着的同时，我们在世界上的存在必须通过自由选择的行为来实现，只有如此才能保证我们的真实性。我们被"抛入"这个世界，对大多数人而言，这意味着存在是由"他们"决定的，即由别人施加给我们的日常角色决定的。

我们承担的角色让我们不真实，因为我们并不拥有它。

但在大众社会，极权主义意识形态充斥着技术的时代，"自我认同"是不是可能的？面对困难，海德格尔总结说，人类需要致力于发展自己的文化和传统。这一观点导致他做出了支持希特勒和纳粹的灾难性的政治选择，而他似乎从未对此感到后悔。因此，海德格尔是个颇受争议的人物。

萨特的存在主义

让－保罗·萨特（1905—1980）从典型的大陆哲学中发展出了存在主义，他借鉴了笛卡尔、黑格尔和胡塞尔的观点，但萨特否认自己与存在主义的任何联系。虽然萨特的《存在与虚无》（1943）明显受了海德格尔影响，但马克思对他的影响则更为重要。萨特也在寻找"真实性"，并且他采纳了克尔凯郭尔对"承诺"的信念，但关键在于上帝不存在这一事实，让宇宙失去了意义或目的，显得很"荒谬"。没有上帝也意味着没有"人性"这样的东西，因为人类并不是为了某种神圣的计划或"本质"所"制造"的。

那么，我们都受自由人的诅咒，并且我们必须为"我是谁"做出选择。

一个人并非天生就该是女人。

我们是通过选择来"自己制造自己"的，或者如萨特所说，"存在先于本质"，这就是存在主义的由来。

自由和糟糕信念

从很多方面来看，萨特的存在主义是笛卡尔式的，思想是我们唯一可以确定的。他总是将我们人类意识的自由和想象与无意识的、不自由的东西进行对比，比如裁纸刀。但对萨特而言，"自我"并不是通过笛卡尔式的自我检查所发现的静态现象。这是一个我们必须承担责任的个人计划。

> 没有人可以理所当然地说，"我天生就是个懒人"，因为他们只是选择做个懒惰的人，这是糟糕信念的一个例子。

> 拥有选择"我是谁"的自由实际上是令人恐惧的想法。

有"糟糕信念"的人会试图通过各种方式逃避，通常是用社会角色做借口（"比如，我只是个服务员"）。他们变得像物品一样——但他们也证明了自由的存在。但自由真的如萨特所宣称的那样"完全"吗？"糟糕信念"就一定是糟糕的吗？

真实的政治生活

　　我们已经明白为什么真实的选择对萨特来说是个很现实的论题。1941 年纳粹军队侵占巴黎。与纳粹合作，或是视若无睹，还是奋起反抗，每个人都面临这样的选择，萨特选择了反抗。晚年，他支持阿尔及利亚独立战争，还拒绝接受诺贝尔和平奖。他一直声称马克思主义是近代世界唯一有用的哲学。

存在主义无法代替马克思主义。它所能做的只是将马克思主义人性化。

　　萨特一生都在与自己的"不真实"做斗争，以免不慎陷入"著名的存在主义哲学家"的角色。

加缪与荒诞

阿尔贝·加缪（1913—1960）出生于阿尔及利亚，是一名记者、散文家兼小说家，并否认自己是个存在主义者。但他对生活在一个无神"荒诞世界"中情感意义的探索，必然使他成为存在主义的一部分。他和萨特类似，都参加过法国的抵抗运动，但他们在共产主义和阿尔及利亚独立问题上存在尖锐的分歧。加缪在《西西弗斯的神话》（1943）中阐述了一个问题：如何在毫无意义的宇宙中确认意义的存在？西西弗斯被众神谴责，陷入推石头上山和石头又滚落下来的循环往复中，加缪以一个问题作为这本书的切入点……

世界上只有一个真正严肃的哲学问题，那就是自杀。

……然后他接着说："判断自己的生活过得值不值，需要回答一个基本的哲学问题。"西西弗斯选择给无用的任务赋予意义来挑衅众神，从而获得了意义。所以人类也可以对自己"荒诞的"生活做出同样的选择。

分析哲学：数学的问题

　　哲学家的确有个讨厌的习惯，就是问一些非常简单的问题，而这些问题通常有非常深奥的答案。每个人都知道二加二等于四，但哲学家会问为什么。毕达哥拉斯相信数学是理解万物的关键。柏拉图认为数字是独立而神秘的存在。20 世纪"分析"哲学家的一个主要目标就是找到逻辑学的数学"基础"。

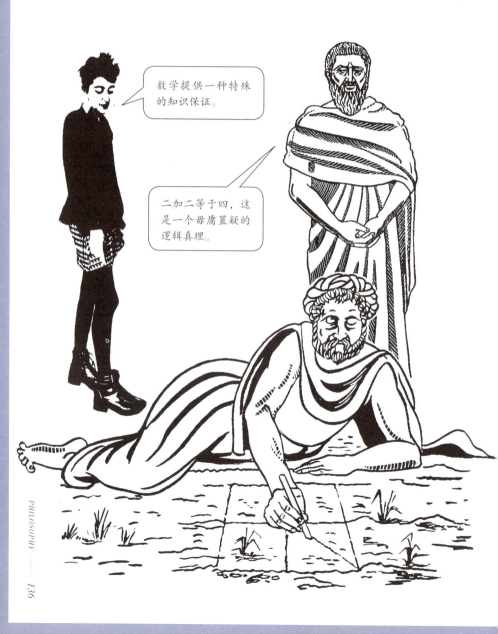

数学提供一种特殊的知识保证。

二加二等于四，这是一个毋庸置疑的逻辑真理。

维多利亚时代的经验主义哲学家约翰·斯图亚特·穆勒对这一观点很恼火，他认为数学的确定性有点像"免费的午餐"，他认为基于我们日常生活的经验，数学只是归纳得出的一种可能性很高的真理。

我们通过观察 3 个一组的事物，得出 3+3=6。

但大多数哲学家认为这是不对的。

我们认为数学是先验事实，即一个永远为真的自洽体系，与人类和世界如何无关。

但如果穆勒说的是对的，数学又如何给我们带来宇宙运行的精确图景呢？康德解释说，数学是"先验综合"的一种，数学对我们来说永远是正确的，因为我们的大脑就是如此"连接"的。

弗雷格和祛魅的数学

　　戈特洛布·弗雷格（1848—1925）过着隐居宁静的生活，他把逻辑而非"知识的问题"作为近代哲学的基础，这彻底改变了西方哲学。弗雷格抛弃了传统的演绎逻辑，并提出了一个新的"形式的"和"符号的"版本。通过这些新逻辑，他认为他可以证明算术和逻辑之间的密切联系。他通过证明数字并非长颈鹿这样的"客体"揭开了数学的神秘面纱。

数字是"概念的道具"或有用的逻辑性假设——类似"平凡人"这样的虚构。

然后，弗雷格说明了为何数学是分析性的，或是"空洞"的。

所以 2+2=4 只是一个
对 1+1+1+1=1+1+1+1
的"同义反复"，这
与我们对世界的观察
或我们思维的建构毫
无关系。

　　理性主义哲学家通常把数学上升为由推理得出基础事实的伟大范式的层
面。弗雷格对数学知识的祛魅是非常关键的，因为它有助于摧毁"存在一些
只有哲学家才能发现的特殊的形而上学知识"这一幻象。

神秘依然存在

　　弗雷格似乎离解决数学真理的哲学问题非常接近了,然而在 1903 年,伯特兰·罗素提出了弗雷格体系内一个似乎无解的悖论,库尔特·哥德尔(1906—1978)也提出,在任何逻辑自洽的体系内,有些算术事实被认为真,但不必然可证。任何形式系统都可以是相容的或完备的,但不可能既相容又完备。

蕴含算术的任何系统都存在不能被证明的真命题。

因此算术依旧可以逃离逻辑,并成为近代哲学的核心遗留问题之一。

意义与指称

　　弗雷格也是现代语言哲学的创始人之一，他把近代哲学的主要任务从知识转移到更为基础的"意义"上来。弗雷格指出，日常语法语言是不合逻辑的，逻辑本身应是独立于心理学的，语言本身有两种不同的功能。

首先，语言包含我们都可以理解的"含义"或意义。

其次，它"指称"或"指向"事物和概念。

DOG

　　语言的含义是一个建立在约定基础上的公共现象，并且是可以改变的，但证明是有正确和错误的。在此基础上，弗雷格创建了一套复杂的逻辑系统。

罗素的逻辑原子论

伯特兰·罗素（1872—1970）和阿尔弗雷德·诺斯·怀特海（1861—1947）在合著的三卷本《数学原理》中，共同探索了和弗雷格类似的领域，他们试图证明即便最简单的算术也有其逻辑基础，例如 1+1=2，但他们失败了。

这实在是一本很长的书！

英国有深厚的经验主义传统，受此影响，罗素成了一个"逻辑原子论者"。他认为理解这个世界最好的方式就是把事物向下分解为个别的成分。然后可以证明每个成分都对应心灵中的个别知觉，它们自己则又被世界的个别"碎片"激发。

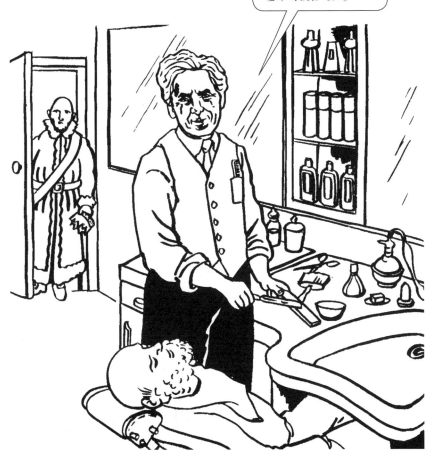

我们只对我们直接知道的事物有把握。

任何其他事物都只能通过逻辑构建在这些基本的数据之上。

任何指向不明的普通语言都必须向下分解为其逻辑形式，"是"这个词的作用就是个很好的例子。罗素还提出了"摹状词理论"，该理论最有名的例子是："The King of France is bald."（"法兰西的国王是个秃头。"）"是"这个词在这里描述的是什么？罗素通过逻辑分析对这个"是"做了极其严谨的论述，与海德格尔的"存在"完全不同，现在让我们来看看。

逻辑分析

"法兰西的国王是个秃头"这个句子很怪异，因为它似乎指向一个并不存在的人。罗素对这个语言谜题的解答是把这个看似普通的句子拆解成简单的逻辑成分，如此一来就能清楚地看出问题的所在，像下面这样……

▷ 法兰西有个"现在的"国王。错误。

▷ 任何事物，只要它是法兰西国王，那么它就是秃头的。

▷ 法兰西只有一个国王。

如此一来，逻辑分析明确地显示，原句中的"是"暗示了一位国王的存在，而其实际上并不存在，这正是诡异之处。这种类型的分析也揭示了句子"含义"与其"指称"的不同。

弗雷格和罗素都认为近代哲学已经不再有主题，而会成为一种"分析活动"，20世纪的哲学家必然是逻辑学家，他们不会过分挖掘"现实最深的本质"。但这并没有妨碍罗素，这位英国爵士，在其一生中就大量道德和政治议题发表主张。

逻辑实证主义者

逻辑实证主义者，或"维也纳学派"，是一群社会学家和物理学家，而非哲学家。莫里茨·石里克（1882—1936）、奥图·纽拉特（1882—1945）和鲁道夫·卡尔纳普（1891—1970）认为，所有哲学，尤其是黑格尔唯心主义，都是形而上学的胡言乱语。

对我们而言，意义和可验证性是一回事。

我们提出了"可验证原则"，即任何不能被经验证实的命题都是假的。

因此，"上帝是绝对的和永恒的"这一命题看起来有意义，但实际上是完全不可验证的，因此是胡说八道。

他们认为语言的"表面语法"导致哲学家陷入了永无止境、无从解答的关于想象中的实体的伪辩论，例如斯宾诺莎和莱布尼茨的"实体"。

A. J. 艾耶尔的逻辑实证主义

　　逻辑实证主义认为"哲学知识"是不存在的，科学才是通往真正知识的唯一道路。哲学只是一种澄清概念和解决语言含混问题的分析活动。A. J. 艾耶尔（1910—1989）在 20 世纪 30 年代去了维也纳，与其他逻辑实证主义者会面，并且从此开始信奉逻辑实证主义。他在 26 岁那年便出版了《语言、真理与逻辑》，这本书冷静地从技术上将宗教和道德语言批判为"胡言乱语"，从而引起了英国学界一些人的震惊。

对意义的验证

维也纳学派的成员都相信包容和科学进步,但他们最终不得不逃离纳粹德国魔爪下的维也纳。石里克被自己的一个精神错乱的学生枪杀,大多数哲学老师通常对此避而不谈。

作为一种关于意义的理论,实证主义很快就瓦解了,部分原因是很多近代科学是概念化的并且无法用简单的"看和观察"的方式进行验证。从来没有谁看见过"夸克",又何谈"验证"这种物质的存在?意义必须先于验证,而非验证的结果。我们怎么可能去验证一种我们根本不理解的东西?这个关于意义的问题,另一位维也纳哲学家给出了让人更信服的答案。

维特根斯坦的逻辑原子论

　　路德维希·维特根斯坦（1889—1951）最初的专业是工程学，他对数理逻辑的兴趣促使他在剑桥大学拜伯特兰·罗素为师。他出生于一个维也纳名门望族，但家人的命运却有点悲剧意味，他的三个兄弟都自杀了。他自己是一位颇有魅力、神秘，却不够有耐心的老师，他私下里是个虔诚的人，反对无用的哲学学术教学，他的学说彻底改变了西方哲学的走向。在第一次世界大战期间，他曾服役于奥地利陆军。

我在战壕里开始构思语言理论和逻辑理论。

　　1922 年，他发表了一本篇幅短小却艰深晦涩的著作《逻辑哲学论》。

《逻辑哲学论》是这样开头的："世界就是一切发生的事情。"维特根斯坦最初采纳了罗素的"原子论"，认为句子必须经过拆解才能显现其中复杂的逻辑。他试图证明意义最终来源于细微的逻辑句子，这些句子构成了他所谓的"原子事实"世界的精确"图景"。

这个前提意味着我们能够用语言表达的有意义的思想存在限制。形而上学问题之所以会出现，是因为哲学家总是试图"谈论不可言说的事情"。因此这本书是这样结尾的："凡不能谈论的，就应该保持沉默。"

意义的意义

维特根斯坦后来放弃了他最初尝试解决"意义问题"的"原子主义",并开始对所有传统哲学对普适性或"本质"的探寻提出了质疑。这种全新的、非常不同的方法就是描述性思维,发表在他死后出版的《哲学研究》（1953）中。

> 20世纪对于"意义的意义"的探索是徒劳的,因为它建立在"意义"是某种"脱离"语言而存在的东西这一误解上。

这不是一个哲学家。

因此,仅仅因为存在一个对艺术概念有用的词,就去寻找赋予"艺术"一词含义的"某种本质事物",或探讨这个概念是如何存在于思想中的是没有意义的。"艺术"一词只是被用来指代那些具有"家族相似性"的一系列手工艺活动而已。

语言游戏

　　语言是一系列具有不同意图和目标的不同种类的"游戏"。意义是"生活形式"下社交约定的产物，它不可能建立在语言的"外部"。这意味着语言是自治的，且不受世界的影响。维特根斯坦采用了一种对哲学话语的治疗性观点，他认为哲学话语是一种疾病，是语言"跑去度假"的产物，因此一种语言游戏和另一种语言游戏发生了混淆。

理论　游戏　生活

语言　的　外部

形式

意义

意义在于使用，你无法在别处找到它。

私人思想

　　维特根斯坦晚期关于思想意识的哲学也反对笛卡尔。思想是语言的，语言是一种社会的产物，因此意识不可能是"私人的"，这意味着任何现象学的对"确定性的"的"第一人称"的追求是错误的。笛卡尔和他的众多哲学家追随者一直声称第一人称经验或多或少比其他经验更"直接"和确定。但谈论或写下心理经验意味着使用符合社交约定规则的公共语言，这些规则规定了意义和指称。

通过"私人语言"这样的东西来思考是不可能的。

无意识是虚构的，没有什么东西同时存在于"无意识"和"思想"中。

弗洛伊德关于无意识的理论

　　维特根斯坦对哲学语言疾病的"治疗"方法，归功于另一位维也纳学者，即西格蒙德·弗洛伊德（1856—1939），精神分析的创始人。弗洛伊德极具影响力的性结构无意识理论起源于神经生理学和临床实验，但是，早在19世纪，叔本华这样的哲学家就已经了解我们对自己的心理过程通常是"无意识"的。弗洛伊德则进一步提出，文明本身只能通过在无意识层面压抑性欲来实现，这种观点破坏了对客观理性的哲学追求。

> 人类对他们的思想、信仰和欲望的最初起源始终一无所知。

　　另一些哲学家和心理学家指出弗洛伊德的无意识是经验上无法证实的，让－保罗·萨特是其中之一。

日常语言哲学

　　维特根斯坦认为"教会苍蝇如何飞出陷阱",或者说明为什么大多数哲学难题只是语言混乱的结果,就是近代哲学家的治疗性工作。J.L. 奥斯汀(1911—1960),牛津大学研究"日常语言"的哲学家,解开了更多的语言"陷阱",关键是要仔细研究"感知"或"知识"这样的概念是如何应用到日常语言中的。奥斯汀引入了表演性言语行为的概念,简而言之,言语行为不仅意味着我们说了些什么,更意味着我们要做什么。如果我们对某人说,"看样子要下雨了",那么我们会产生一系列相应的行为。

这里真正有实义的动词不是"看",而是我在"提醒"你有雨,并"建议"你带把伞。

机器中的幽灵

吉尔伯特·赖尔（1900—1976），牛津大学另一位有影响力的哲学家，他通过英国经验主义和对布伦塔诺及胡塞尔现象学的兴趣也得到了一个平行的观点——"日常概念"。哲学家经常犯下赖尔在《心的概念》（1949）中所称的"范畴错误"。一个著名的例子就是笛卡尔关于与身体分离的心灵的虚构，它拥有私人思想，就像一个"机器中的幽灵"。

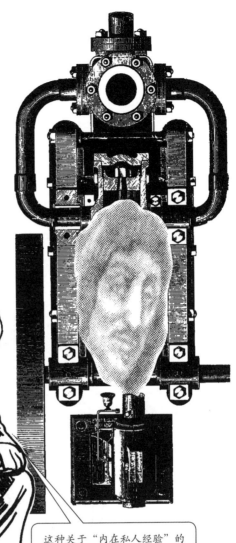

这种关于"内在私人经验"的讨论应该始终被看作是以某种方式行为举止的性格倾向。

赖尔采纳了一种哲学上的行为主义观点，即必须把心理术语翻译为物理上的感觉。如果所有关于感觉和思想的讨论都能指向他人，那么这种关于语言和意义的行为主义观点才有可能是可信的。但如果涉及我们如何使用语言指向我们自己的想法和信念，这种观点就仍旧是不可信的。

科学哲学

如我们所见，"大陆"哲学和"分析"哲学之间的界限并不是很明确，同时相对于 20 世纪科学至高无上的统治地位来说，也显得不那么重要。是科学家改变了我们的生活，改变了我们对世界和自己的认识，而非哲学家。

为什么科学知识是特殊的？

科学知识是如何与其他知识区分开来的？

人们很容易被科学的成功所蒙蔽，并被"科学主义"所欺骗。科学主义就是对科学的轻信和崇拜，认为科学可以解决一切难题。

科学家是各色各样的，有的人穿着白大褂，用着看起来就很贵的科研仪器；有的人只需要一块黑板，就可以进行深奥的数学计算。但他们之所以被称为"科学家"，是因为他们有一个共同点，就是利用某种特殊的科学"方法"，来创造一种特殊的知识。科学知识往往是"普遍的""可量化的""经验的"，并且有"预测功能"，比如研究青蛙的科学家就能够告诉我们关于青蛙的一切。

归纳法

　　那么，科学家的理论是怎样得来的？归纳法明显是科学"方法"之一。一位科学家通过观察和测量相当多的、不同条件下的或游泳或爬行的青蛙，从而得出"青蛙是两栖动物"这一结论。但是两百多年前，哲学家休谟指出，归纳法只能提供可能性，而非确定性。

科学家只能说从现有的观测来看，所有的青蛙都可能是两栖动物。

　　但是看见就能证明吗？我们能够"看见"什么，通常受文化和教育这些外部条件的影响，消除我们对世界的预设是很难的。同样，用"客观的"语言来描述我们的所见几乎是不可能的。

看见未必是一个被动接受感官信息的过程，而是一个更复杂的接受、选择和对信息进行分类的过程。

在科学家提出自己的新理论之前，他无疑会对青蛙是什么、青蛙怎样游泳、他需要观察多少青蛙等有确定的预设。任何建立在归纳法基础上的科学都具有不确定性，并且总是会和建立它的人及其存疑的"经验基础"有关。

可证伪性理论

卡尔·波普尔（1902—1994）提出"可证伪性理论"可以对科学的进程做出更明智的考量。他认为所有科学理论都是暂时的，真正的科学理论是可以被"反例"证伪的。

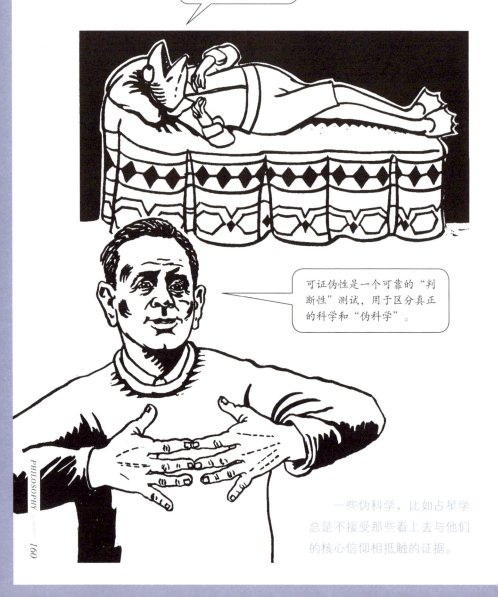

一些伪科学，比如占星学总是不接受那些看上去与他们的核心信仰相抵触的证据。

但作为一种科学方法，证伪主义也有其自身的问题。如果我们对世界的观察总是"先有理论"的，为何仅仅一个观察就能使一个复杂的科学理论失效？我们怎样知道哪个才是正确的？科学理论是复杂和相互依存的，用单个观察证明某个理论错误并不容易。历史告诉我们，科学家通常不会仅仅因为一次观察就抛弃自己的宝贝理论，有时候他们真的很顽固，但也有特例。

　　马克斯·普朗克（1858—1947）是个很有趣的人，他的数学发现看起来似乎违背了神圣的热力学第二定律，却成了量子物理的开端。

多年来我努力工作，想推翻我自己的关于物质和辐射的革命性观点。

托马斯·库恩：范式转换

对波普尔而言，科学就像一个不稳定的自助扶梯，它由理性驱动，逐渐向科学"真理"迈进。托马斯·库恩（1922—1996）则反对这种天真的进步主义科学观，他仔细研究了科学史，然后问道："科学家在自己的科学领域中是如何实践的？"

亚里士多德

哥白尼

牛顿

很明显，一个特定理论，或者说范式，都被理所当然地看作考察这个世界的正确方式。

但是范式会在历史进程中发生激烈的改变或"转换"，比如宇宙学范式就出现过亚里士多德、托勒密、哥白尼和牛顿等不同范式，直到今天的爱因斯坦的范式。

那么，范式为什么会变化？因为范式会积累待解决的难题，而非“真相”，真相是从科学家自己提出的挑战中产生的。伽利略或爱因斯坦的主张导致了他们那个时代的主流范式陷入危机。

通过望远镜，我看到木星有一些轨道卫星……

我告诉你，引力可以使光线发生偏折。

　　关于天体或光线的科学信仰体系最终会瓦解，而无法承载新的思想。库恩笃定科学是通过突然和革命性的转变“进步”的，而非有条不紊地演进。科学信仰也许和宗教信仰并无多少不同，新的科学被接受，不是因为新的证据多么有说服力，而是因为老一辈科学家相继去世，年轻一代科学家取而代之。

认识论无政府主义

　　有科学家认为库恩是在威胁理性和科学进步，但事实并非如此。最激进的科学评论家是出生于奥地利的保罗·费耶阿本德（1924—1994），在《反对方法》一书中，对于科学进步，他强调了竞争理论的多种多样，或者他所谓的"认识论无政府主义"。

> 如果一定要说科学有那么一点点"进步"，也要归功于那些反对既成方法的特立独行的科学家。

　　科学在本质上是多元和无政府的，也因此是创造性的，期待"科学"可以由任何固定方法来管理的想法是愚蠢的。而且，科学知识在本质上也并不"优越"。

从现代到后现代

现代哲学是从笛卡尔尝试找到一个确定的、可靠的真理（即一个经验基础）开始的，不论在这个过程中会牺牲多少"现实"。对笛卡尔而言，这个基础就是我思，即"我思，故我在"。

从笛卡尔开始，对于思考自我、客观真理和语言含义的质疑不断加剧，并演进为可识别的"知识"危机，即所谓后现代的状况。

后现代主义的三个假设

我们可以通过探索以下三个"假设"来更好地理解后现代哲学。

假设人类思维不再确定是"我们的"……

假设我们用以思考的语言不能再有意义地指称外部世界本身……

假设自发性语言学符号的含义会经常改变……

那么，这对哲学、逻辑，甚至科学本身都不是好事。

后现代怀疑主义的关键是语言问题，或更确切地说，是语言意义的幻象。

尼采：真理的欺骗

后现代怀疑主义的种子一直存在于西方哲学中，自从克拉底鲁拒绝发言时就开始了，因为他认为他的语言含义是不稳定的。后现代主义另一个距现在比较近的名人是尼采，他坚称语言只是隐喻。

尼采认为"知识"仅仅是强者施加在其他人身上的东西。我们应该对那些危险的杜撰提高警惕，小心它虚构出没有感觉的、无所不知的永恒"实体"，也别落入"纯粹理性"或"知识本身"之类矛盾的概念陷阱。

语言和现实

后现代怀疑主义不是一时的心血来潮，而是历史的必然。我们在西方哲学的旅程中已经见证了诸多关于语言、意义和知识的复杂论点。这里介绍三位非常不同的近代哲学家，海德格尔、维特根斯坦和雅克·德里达，他们都对语言和现实的关系提出了质疑。

他们实际想表达什么？海德格尔："作为人类，我们永远无法将语言与现实割裂开来。"维特根斯坦："只有本地化的'语言游戏'，西方哲学就是个例子。"德里达："我们用语言来思考和交流，但我们无法客观地了解语言和任何'外部'现实的关系。我们的思想被'困住'了。"

符号系统

费尔迪南·德·索绪尔（1857—1913），瑞士语言学家，是结构主义和符号学的创始人。他放弃了对语言"意义"的寻找，转而设法描述语言的使用功能。语言学的"意义"是根据符号本身和它们在能指体系内的位置的关系得到的，而不是从"现有"事物的联系中得来的。

或如索绪尔所说的另一句话："在一种语言内部，只存在差异而没有固定的词。"

结构主义者

索绪尔给 20 世纪 60 年代的结构主义批评者带来了灵感，尤其是法国那些把哲学当作"话语"来研究的人。每个话语都会共用一个符号系统，这个系统的关键符号特征是二元对立的代码。例如"灵魂"的概念从其对立的"身体"中衍生出来，"光"从"黑暗"中衍生出来，"自然"从"文化"中衍生出来，等等。人类学家克洛德·列维－斯特劳斯（1908—2009）认为二元代码系统存在于所有文化中，因为它们具有共同的逻辑。

我们最终能够证明，对符号系统结构的研究是对人脑的一项科学研究。

结构主义者认为世界和基因的"深层结构"结合，有自己的可供分析的"语法"，因此是一个互相联结的系统。"后结构主义者"罗兰·巴特（1915—1980），朱莉亚·克里斯蒂娃（生于1941年），特别是雅克·德里达（生于1930年）在20世纪60年代后期推翻了这一观点。

批评家或哲学家的工作就是识别这些含义的"移动"，"站在文本的对立面去阅读"。

德里达和解构

后结构主义可以应用到哲学文本中，也可以"站在对立面"阅读它们，这本质上就是雅克·德里达的解构策略。它并不是一种"方法"，而更像是维特根斯坦意义下的治疗手段，它并不寻求真正的"意义"或一种统一，而是解释文本中互相冲突的多重意义。二元极性被暴露为"无意识"，支撑着形而上学的假设。

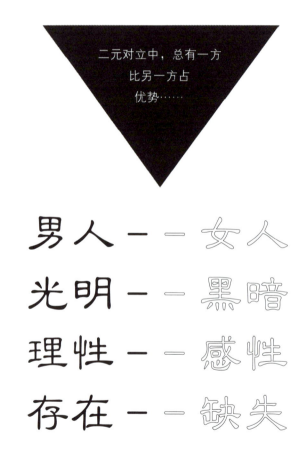

二元对立中，总有一方
比另一方占
优势……

男人 — — 女人
光明 — — 黑暗
理性 — — 感性
存在 — — 缺失

占优势的术语会"滑入"到产生社会和文化等级的系统中去。

逻各斯中心主义

　　解构可以挖掘和显示研究对象的内在矛盾和含义漂移，提醒我们当前的"含义"仅仅是被主流文化和政治意识形态"固化"过的含义。德里达认为，问题在于"错误的同性"，哲学家总是假设语言能够传达出思维的准确含义。

错误在于假设文本之"外"还有一个固定的含义。

含义不是固定的，而是变化的。

　　哲学依赖于词语和意义之间一对一的关系以保证真实，但对德里达而言，这是个逻各斯中心主义的错误，这个错误让"理性的语言"变成极权主义的，因为它压制并排除一切不同或不适合的东西。

不存在的自我

德里达抨击了基础主义。基础主义的中心是：有一些基本的信仰，这些信仰是自证的，而现代哲学的基石是笛卡尔的"我思，故我在"。精神分析学家雅克·拉康（1901—1981）提出了一个令人不安的观点，即"自我"是一种虚构，这破坏了笛卡尔和现象学家对根植于基础自我的确定性的寻找。个人和独特的身份只是一个有用的幻觉，为我们提供安全感，以及让我们对不断变化的体验有统一的认识。

我在哪里思考——"我思，故我在"——我恰恰不在那里。

拉康宣称，在我们思想的最深处，即我们的无意识，是像语言一样建构起来的。一个孩童只有掌握了语言能力，他才能进入社会，成为"我"。

宏大叙事的终结

　　后现代主义也将哲学带入社会史和政治史领域，在这个背景下，让－弗朗索瓦·利奥塔（1924—1998）摧毁了另一个关键的"基本"神话：自启蒙运动开始，进步概念本身就是对理性原则的应用。20世纪的现代主义继承了启蒙时代对于思想解放、创造财富和普遍真理的信仰，这是天真和灾难性的。利奥塔在《后现代状态》（1979）中指出这些理性秩序社会的"宏大叙事"已经崩溃。

　　我们已经遭遇了法西斯主义，如今又见证了黑手党式的经济、自由市场的贪婪和全球范围的环境灾难。如果这些是"客观理性"的最终结果，那一定是哪里出了问题。

福柯：权力游戏

　　米歇尔·福柯（1926—1984）是另一位重要的后现代思想家，他更进一步地指出，权力与知识是相互依存的。自18世纪启蒙运动以来，社会控制系统与人文科学一同发展起来，哲学本身就是通过边缘化而成为"权力游戏"中支配他人的帮凶。福柯借用了尼采"谱系学"的概念来进行他的社会历史分析。

官方历史会过滤、选择、划分优先等级，以及排除其他的解释。

那么，你是说哲学史（包括这本书）只能用来把完全属于意识形态的"进步"模型合理化。

　　制度化的"知识"成了权力的工具，将"疯癫""犯罪"和"性异常"归于病态。

超现实的世界

后现代主义思想家重视观点的多元性，并时常对权威体系发出挑战，让·鲍德里亚（1929—2007）认为，他们向我们呈现的世界往往是支离破碎的、梦魇般的"超现实"。

我们存在的世界是超现实的和虚幻的，这个世界充满了与哪怕暂时的、表面的"现实"都毫无联系的符号。

这也是为何后现代哲学看似不务正业、讽刺和戏剧化的原因之一。

哲学已然变成了对它自己的讽刺，也因此造成了它令人迷惑的多重视角，这些视角刻意让人们关注那些漂移的符号。这不是一种清晰或有趣的研究！但后现代主义者又是如何从平常的悖论中逃脱，面对所有怀疑的呢？他们怎么可能声称理性是一种不依赖于某种最少形式理性的"建构"？

关于科学

　　人类知识没有哪个分支可以摆脱这种激进和腐蚀性的后现代主义者的相对主义，科学和逻辑都被指责为"建构"，即只是对经验的说明。永恒和普遍的现实是不存在的，永恒和普遍的知识也是不存在的。

"科学的"和"逻辑的"现实是由语言建构的，并且可以有很多种不同的建构。

　　当被问及科学"真理"时，大多数现代科学家都会明智地回避，因为他们知道科学知识都是暂时的。很多人已经承认他们不再相信由客观的和科学的"定律"所解释的大自然。爱因斯坦的相对论、玻尔的量子力学和海森堡的不确定原理都使观察者这一角色成为科学知识的核心。如果库恩是对的，那么科学家就更像是宗教信徒，而不是中立的研究者，他们的科学则会被他们社群中很少被质疑的中央"范式"所调控。这就是相对主义的观点，但还有另一种观点……

现实主义的观点

　　但并不是所有的科学家或哲学家都相信后现代怀疑主义。由"硬核"物理科学创造的科学知识只是"一种话语"或一种与某种西方"世界观"相关的"社会建构"，很多人对这一观点非常排斥。

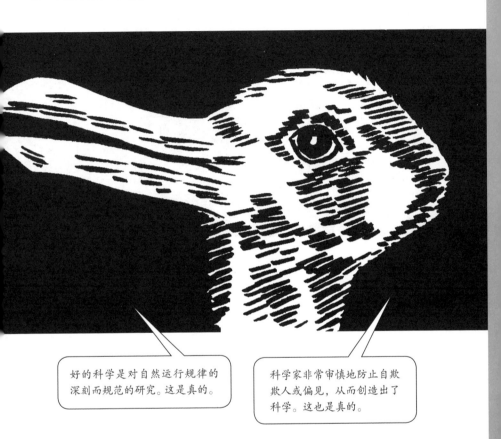

好的科学是对自然运行规律的深刻而规范的研究。这是真的。

科学家非常审慎地防止自欺欺人或偏见，从而创造出了科学。这也是真的。

　　无可否认的是，实验方法已经令宇宙学、遗传学和其他很多学科受益良多。英里、秒这些单位和测量行为也许是"社会建构"的，但光速为186 282.373 英里 / 秒（约为 299 792.485 千米 / 秒）是非常真实的科学事实，与谁知道它无关，也不会消失！

　　看看这片空间吧！

作 者

戴夫·罗宾逊（Dave Robinson），一直在高校教授哲学。最近刚出版一本关于后现代哲学的图书《引导性问题》（*Leading Questions*），同时也是《笛卡尔与伦理》（*Introducing Ethics and Descartes*）的作者。

插画师

朱迪·格罗夫斯（Judy Groves），是艺术家，插画师和设计师。

图书在版编目（CIP）数据

哲学 / （英）戴夫·罗宾逊（Dave Robinson）著；
（英）朱迪·格罗夫斯（Judy Groves）绘；张毓晨译.
— 重庆：重庆大学出版社，2019.12
书名原文：Philosophy
ISBN 978-7-5689-1872-5

Ⅰ.①哲… Ⅱ.①戴…②朱…③张… Ⅲ.①哲学—
通俗读物 Ⅳ.①B-49

中国版本图书馆CIP数据核字（2019）第240206号

哲　学

ZHEXUE

〔英〕戴夫·罗宾逊（Dave Robinson）　著
〔英〕朱迪·格罗夫斯（Judy Groves）　绘

张毓晨　译

懒蚂蚁策划人：王　斌
策划编辑：敬　京
责任编辑：敬　京　赵艳君　　版式设计：原豆文化
责任校对：张红梅　　　　　　责任印制：张　策
*
重庆大学出版社出版发行
出版人：饶帮华
社址：重庆市沙坪坝区大学城西路21号
邮编：401331
电话：（023）88617190　88617185（中小学）
传真：（023）88617186　88617166
网址:http://www.cqup.com.cn
邮箱:fxk@cqup.com.cn（营销中心）
全国新华书店经销
重庆市国丰印务有限责任公司印刷
*
开本：880mm×1240mm　1/32　印张：5.75　字数：209千
2019年12月第1版　　2019年12月第1次印刷
ISBN 978-7-5689-1872-5　　定价：39.00元

- -

本书如有印刷、装订等质量问题，本社负责调换

版权所有，请勿擅自翻印和用本书
制作各类出版物及配套用书，违者必究

INTRODUCING PHILOSOPHY: A GRAPHIC GUIDE

by DAVE ROBINSON AND JUDY GROVES

Copyright: TEXT AND ILLUSTRATIONS COPYRIGHT © 2013 BY ICON BOOKS LTD

This edition arranged with THE MARSH AGENCY LTD

Through BIG AGENCY, INC., LABUAN, MALAYSIA.

Simplified Chinese edition copyright:

2019 Chongqing university press.

All rights reserved.

版贸核渝字（2018）第 221 号